**CD 2枚付**

池田和弘
Kazuhiro Ikeda

リスニング・インプット方式で身につく

CD収録時間
56分／73分

# まる覚え
# 超かんたん
# 英会話

中経出版

## はじめに

　リスニング・インプット方式は、生徒からの質問をヒントにして考案し単語記憶法として出版したところ、ロングセラーとなり、すでに延べ20万人の方々に愛用されているとても強力な記憶法である。励ましのお葉書やお手紙もたくさんいただいた。

　このようなわけなので、この記憶方式を英会話の勉強に応用しようというのはある意味で自然な流れといえる。しかし、本書の発刊は単なる思いつきではない。

　そもそも英会話には２種類ある。ごく日常的な、生活に必要不可欠な内容について話す、いわゆる「日常会話」と、さまざまなトピックについて意見を交わす「議論会話」である。

　はっきりいって、議論のための会話ならわざわざ海外留学したりしなくても、日本国内で身につけることが十分可能である。ところが、日常会話となると話はまったく逆で、英語を使う環境にいなければ身につけるのが非常に難しい。

　日本国内にいて日常会話に上達する唯一の方法——それは「できるだけシンプルで、かつ役に立つ英文を、できる限りたくさん正確に暗記すること」に尽きる。

　さて、では「どうやって大量の英文を確実に覚えるか？」であるが、「短時間」に「大量の英文」を「確実に記憶する」となると、やはりリスニング・インプット方式が絶大

な効果を発揮する。

　音声トレーニングによる、軽快な「日→英」の高速インプット——本書の表現をマスターすれば強力な突破口ができる。それを足場にして、今度こそ、みなさんに英会話をマスターしてほしいと思う。それが、国内でさんざん苦労してきた"ある語学オンチ"のささやかな夢である。

2004年4月1日

　　　　　　　　　　　　　　　　　　　　池田和弘

※本書では文章表現だけを扱っており、by the way (ところで)などの熟語は扱っていない。しかし、じつはリスニング・インプット方式には熟語集もあり、そちらではこのような表現を多数扱っている。熟語というと、単語以上に用法のことを気にする人がいるが、熟語もまず"音"で覚えればよい。あとは、実際に英文を読むなかで、自然と用法は身についていく(実際のところ、「make ＋ 人 ＋ …」などとやっても実践ではテンで役に立たない)。

# CONTENTS

はじめに……… 1

これがリスニング・インプット方式の秘策だ！……… 4

## イントロダクション ……… 5

### CD1-1 ～ CD1-22　1語の表現 ……… 11

「すてき Cute!」から
「ほらね? See?」まで

### CD1-23 ～ CD1-85　2語の表現 ……… 35

「どおりでね No wonder.」から
「何かあったの? Anything wrong?」まで

### CD2-1 ～ CD2-58　3語の表現 ……… 99

「ちょっと待って Just a minute.」から
「そうですか Is that so?」まで

### CD2-59 ～ CD2-95　4語の表現 ……… 159

「彼女によろしく Say hello to her.」から
「今晩ひま? Are you free tonight?」まで

さくいん……… 197

本文デザイン・イラスト／中経出版デザイン室

# これがリスニング・インプット方式の秘策だ！

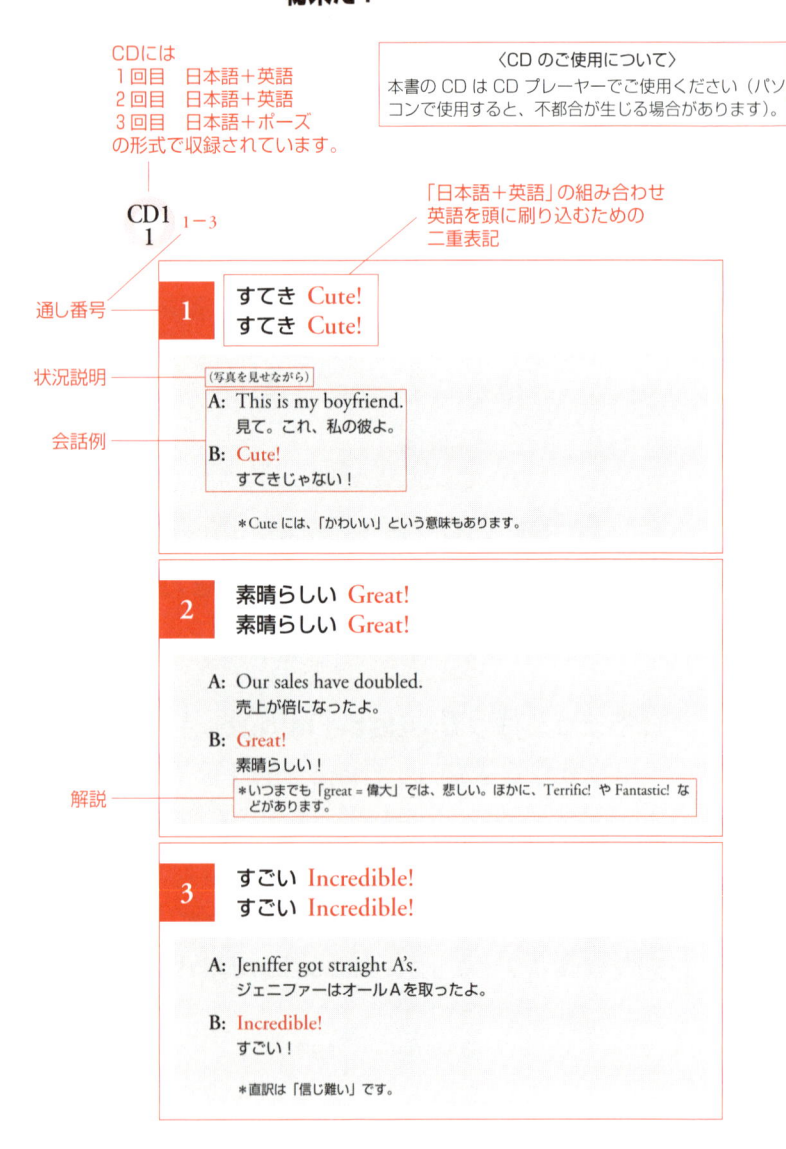

CDには
1回目　日本語＋英語
2回目　日本語＋英語
3回目　日本語＋ポーズ
の形式で収録されています。

〈CDのご使用について〉
本書のCDはCDプレーヤーでご使用ください（パソコンで使用すると、不都合が生じる場合があります）。

CD1
1　1-3

「日本語＋英語」の組み合わせ
英語を頭に刷り込むための
二重表記

通し番号 —

**1**　すてき　Cute!
　　　すてき　Cute!

状況説明 —（写真を見せながら）

会話例 —
A: This is my boyfriend.
　 見て。これ、私の彼よ。
B: Cute!
　 すてきじゃない！

＊Cuteには、「かわいい」という意味もあります。

**2**　素晴らしい　Great!
　　　素晴らしい　Great!

A: Our sales have doubled.
　 売上が倍になったよ。
B: Great!
　 素晴らしい！

解説 — ＊いつまでも「great ＝ 偉大」では、悲しい。ほかに、Terrific! や Fantastic! などがあります。

**3**　すごい　Incredible!
　　　すごい　Incredible!

A: Jeniffer got straight A's.
　 ジェニファーはオールAを取ったよ。
B: Incredible!
　 すごい！

＊直訳は「信じ難い」です。

イントロダクション

### これが驚異の記憶法
# リスニング・インプット方式だ！

●

### リスニング・インプット方式の秘密

　リスニング・インプット方式では、「日本語＋英語」のコンビネーションを"音"として聴き、そのまま"音"として記憶する。下の録音パターンを見てほしい。日→英、日→英ときて、最後に日→（ポーズ）となっている──そう、ここに「空白の時間」を作っているところがミソなのである。実際に口に出して読めばわかるが、日→英、日→英、ときて、日→（ポーズ）と読んでいくと、ポーズのところで「英文」が（発音されていないのに）頭に響く。いや、単に頭に響くだけではない。思わず口に出して言いたくなるのである！

　　すごいじゃない　It's really something.
　　すごいじゃない　It's really something.
　　すごいじゃない　　　（ポーズ）

　　　　　※このポーズ入りの新方式は、『CD 2枚付　英熟語が面白いほど記憶できる法』から採用されている。『CD 2枚付　英単語が面白いほど記憶できる法』のCDにはポーズは入っていない。

## 超高速トレーニング

　4語までの英文であると、このパターンを1回聴くのにかかる時間は平均12秒ぐらいである。だから、短時間に信じられないぐらいの量の英文を訓練することができる。ちょっと計算してみよう。たとえば、1日30分学習した場合だとつぎのようになる。

　30分×60秒÷12秒＝150文

　1日たった30分で150文である！　これだと、10日で延べ1500文、1カ月で、なんと延べ4500文にもなる。
　これだけの数を繰り返し聴くと、イヤでも英語が頭に残る。しかも、ポーズのところでは実際に英文を発音することもできるので、確実に使えるようになる。
　さらに、リスニング・インプット方式では、日本語が先に読み上げられ、そのあとに英文が繰り返されるので、何かを言いたいと思った瞬間にその意味に対応する英文が頭に浮かぶようになる。これはきわめて実践的である。というのも、どうだこうだといっても（一部の例外的な人を除いて）、私たちは、初心者はもちろん中級者、上級者でさえ基本的には日本語で考えているからである。

※かなり英会話に慣れてくると、日本語で考えることなしに、思考が直接英語になるような感覚を覚えるようになるが、それでも日本人である以上日本語を完全になくすことはできない。

## 英文の丸暗記

「はじめに」においても触れたように、普通の人間にとって会話力をつけるもっとも手っ取り早く確実な方法は、「できるだけシンプルで、かつ役に立つ英文を、できる限りたくさん正確に暗記すること」である。

世間では「丸暗記」を"邪道視"する風潮が強いが、自分自身を含めたくさんの学習者を見てきた長年の経験則では、こと「日常会話」にかんする限り、語学の天才ならともかく普通の人間の場合には「丸暗記」がもっとも有効的な学習方法である。

もちろん、会話学校の先生なりネイティブの友人なりと実際に会話ができるなら、それが一番効果的である。しかし、それとても「毎日英語を使って話したら」という条件つきであり、1週間に2時間やそこいらの"フリーカンバセイション"であれば、到底上達は見込めない。丸暗記という"最強の学習法"でサポートしてこそ、限られた実践の時間を有効に使えるのである。

## 英会話マスターの心得

　丸暗記の話が出てきたついでに、英会話をマスターするポイントについてお話しておこう。

　「はじめに」にでも述べたとおり、英会話には「日常会話」と「議論会話」の2種類がある。このうち、「日常会話」は、文字どおり日常生活で会話しなければなかなか身につかない。

　そこで、海外に行かずに会話力を身につけたいのなら、「やさしい言葉で日常の必要最低限のことが言える」＋「自分の好きな分野、あるいは専門分野で議論できる」を目標にすべきである。"英会話オタク"になって、あれこれ変わった表現や面白い表現を覚えても時間のムダである。

　この点、「議論会話」は日常生活で英語を使っていなくても習得可能なので、これを核にして徐々に日常会話力を伸ばすというのが現実的な戦略だ（※）。

> ※こうすると、会話学校でも"Hello, how are you?"とだけ言っておいて、あとはサッサとこっちの好きなことをしゃべりまくるというパターンにもっていけるので、効率が良い。まあ、あまり好かれる生徒にはなれないが……（私なんぞは、いきなりLet me talk about Hawking radiation.などとやったものだから、"好かれない"を越えて、"恐れられた"ものである）。

## 会話上達の極意

　私たちがつねに肝に銘じておくべきこと――それは、日本で英語を実用的レベルにまで学ぶ（それも「話す力」を含めて）というのは、それほどやさしいことではないということだ。

　日本で英会話力をつけようとすると、「いくらやっても、なかなかうまく言えない」と悩みがちである。これを克服して、進歩していくにはどうすればよいか。

　イントロの最後に、私が満身創痍になってつかみとった極意を教えよう――それは、「言葉というのは、やっぱ難しいですわ。ナッハッハ～」と笑い飛ばせる感覚をもつことが大切だということである。

　楽観主義に徹して、どんどん"丸暗記"しつつ、とにかく口に出して使うようにする。そうすれば、あなたのコミュニケーション能力はみるみる上達するだろう。

　Good luck!

CD1 1 ～ CD1 22

# 1語の表現

「すてき Cute!」から「ほらね? See?」まで

## 1 すてき Cute!
すてき Cute!

（写真を見せながら）

**A:** This is my boyfriend.
見て。これ、私の彼よ。

**B:** Cute!
すてきじゃない！

＊Cute には、「かわいい」という意味もあります。

## 2 素晴らしい Great!
素晴らしい Great!

**A:** Our sales have doubled.
売上が倍になったよ。

**B:** Great!
素晴らしい！

＊いつまでも「great = 偉大」では、悲しい。ほかに、Terrific! や Fantastic! などがあります。

## 3 すごい Incredible!
すごい Incredible!

**A:** Jeniffer got straight A's.
ジェニファーはオールAを取ったよ。

**B:** Incredible!
すごい！

＊直訳は「信じ難い」です。

## 4
**おいしい Delicious!**
**おいしい Delicious!**

**A:** How is the cake?
ケーキはどう？

**B:** Delicious!
おいしい！

＊ほかに、Very good! や Yummy! などがあります。

## 5
**いいよ Sure.**
**いいよ Sure.**

**A:** May I ask you a question?
ひとつ質問してもいい？

**B:** Sure.
いいよ。

＊Sure. は Yes. の意味で使われます（これが使えたら、かっこいい）。

## 6
**おもしろい Interesting.**
**おもしろい Interesting.**

**A:** How was the exhibition?
その展覧会どうだった？

**B:** Interesting.
おもしろかった。

＊知的におもしろいということ。笑える場合は Funny. です。

## 7

**気持ち悪い Gross.**
**気持ち悪い Gross.**

A: This is the dissected specimen.
これが解剖標本だよ。

B: Gross.
気持ち悪いね。

## 8

**絶対さ Definitely.**
**絶対さ Definitely.**

A: Are you sure the plan will work?
この計画、うまくいくと思う？

B: Definitely.
絶対さ。

## 9

**ばかばかしい Ridiculous.**
**ばかばかしい Ridiculous.**

A: This stone has curing power.
この石には癒しパワーがあるんだよ。

B: Ridiculous.
ばかばかしい。

## 10
**ほとんど Almost.**
**ほとんど Almost.**

**A:** Have you finished your homework?
宿題は済んだの？

**B:** **Almost.**
ほとんどね。

## 11
**いつでもどうぞ Anytime.**
**いつでもどうぞ Anytime.**

**A:** Thank you for your help.
手伝ってくれてありがとう。

**B:** **Anytime.**
いつでもどうぞ。

＊You are welcome. よりカジュアルです。

## 12
**もちろん Absolutely.**
**もちろん Absolutely.**

（パーティーに誘われて）

**A:** Can I bring my friend?
友達を連れてきてもいい？

**B:** **Absolutely.**
もちろん。

## 13

**そうだよ** Right.
**そうだよ** Right.

**A:** You trained 3 times a week.
週3回も練習したんだってね。

**B:** Right.
そうだよ。

## 14

**そのとおり** Exactly.
**そのとおり** Exactly.

**A:** You quit your job to start your own business.
自分でビジネスを始めるために仕事を辞めたんだよね。

**B:** Exactly.
そのとおり。

## 15

**おめでとう** Congratulations!
**おめでとう** Congratulations!

**A:** I got promoted.
昇進したよ。

**B:** Congratulations!
おめでとう！

＊congratulation は、「おめでとう」の意味では必ず複数形です。

## 16 かっこいい Cool!
かっこいい Cool!

**A:** I bought a new car.
新しい車を買ったんだ。

**B:** Cool!
かっこいい！

＊人にも物にも使えます。Neat! も同じような意味でよく使われます。

## 17 いいね Fine.
いいね Fine.

**A:** Why don't we go to the hotel for lunch?
みんなでそのホテルにランチに行かない？

**B:** Fine.
いいね。

＊Fine. は、「元気です」という意味でよく使われますが、「賛成です」という意味でもよく使われます。

## 18 サイテイ Disgusting.
サイテイ Disgusting.

**A:** He threw his cigarette butt on the road.
あの人、タバコのポイ捨てしたわよ。

**B:** Disgusting.
サイテイ。

## 19 準備オーケー Ready.
準備オーケー Ready.

**A:** Ready to go?
（荷物は全部入ったし、）用意はいい？

**B:** Ready.
準備オーケー。

## 20 本当だよ Honest.
本当だよ Honest.

**A:** I'm not lying. Honest.
ウソなんかついてないよ。本当だよ。

**B:** I don't believe you.
信じられないわ。

## 21 気味が悪い Weird.
気味が悪い Weird.

（家で起こった奇妙な現象について話しています）

**A:** Suddenly the windows rattled.
急に窓がガタガタ鳴ったの。

**B:** Weird.
気味が悪い。

## 22

**無理だよ** Impossible.
**無理だよ** Impossible.

**A:** Can you finish it by tomorrow?
その仕事明日までにできる？

**B:** Impossible.
無理だよ。

## 23

**荘厳です** Majestic.
**荘厳です** Majestic.

（ヨーロッパ旅行をした友達に）

**A:** How were the medieval churches?
中世の教会はどうだった？

**B:** Majestic.
荘厳だよ。

## 24

**静かに** Quiet.
**静かに** Quiet.

**A:** I'm home!
ただいま！

**B:** Quiet. The baby is taking a nap.
静かに、赤ちゃんがお昼寝中よ。

## 25 失礼な Rude.
失礼な Rude.

**A:** He always cuts in before I finish talking.
彼は話し終わる前にいつも口をはさんでくるんだ。

**B:** Rude.
失礼な。

## 26 蒸し暑い Muggy.
蒸し暑い Muggy.

(日本の梅雨について外国人が尋ねています)

**A:** What's the rainy season like?
梅雨ってどんな感じ?

**B:** Muggy.
蒸し暑いよ。

## 27 かわいい Adorable!
かわいい Adorable!

**A:** Look at that little puppy.
あの子犬を見てごらん。

**B:** Adorable!
かわいい!

## 28

**私です Speaking.**
**私です Speaking.**

(電話で)

**A:** Hello, may I speak to Mr. Johnson?
ジョンソンさんをお願いします。

**B:** Speaking.
私です。

## 29

**いいぞ Nice.**
**いいぞ Nice.**

**A:** The Hanshin Tigers are leading so far.
阪神タイガースが今のところトップだよ。

**B:** Nice.
いいぞ。

＊Nice. の基本の意味は「すてきだね」です。

## 30

**味がしない Bland.**
**味がしない Bland.**

**A:** How is this pasta?
このパスタどう？

**B:** Bland.
味がしないね。

## 31

**定期的に Regularly.**
**定期的に Regularly.**

(健康維持のための運動について)

A: How often do you exercise?
どのくらいの頻度で体を動かしてる？

B: Regularly.
定期的に。

## 32

**ときどき Sometimes.**
**ときどき Sometimes.**

A: Do you cook on weekends?
週末は料理をするの？

B: Sometimes.
ときどき。

## 33

**めったにしない Rarely.**
**めったにしない Rarely.**

(仲のいい兄弟を見ながら親に聞いています)

A: Do they ever fight?
けんかをしたりする？

B: Rarely.
めったにしないよ。

## 34 多分 Maybe.
多分 Maybe.

**A:** Is he coming to the party?
彼はパーティーに来るんでしょう？

**B:** Maybe.
多分。

＊確信度はPossibly.(80％)＞Probably. (60％)＞Maybe.(30％)ぐらいです。

## 35 十分あり得る Possibly.
十分あり得る Possibly.

**A:** Will they cancel the game if there is heavy rain?
大雨が降れば試合は流れる？

**B:** Possibly.
それは十分あり得るね。

## 36 ゆくゆくは Eventually.
ゆくゆくは Eventually.

**A:** Will you open SOHO?
仕事を家でするようになるの？

**B:** Eventually.
ゆくゆくは。

## 37

でかい Huge!
でかい Huge!

**A:** Look at that building.
あのビルを見て。

**B:** Huge!
でかい！

## 38

両方 Both.
両方 Both.

**A:** Which would you like, strawberry or vanilla?
イチゴアイスとバニラアイス、どっちが食べたい？

**B:** Both.
両方よ。

## 39

大変 Tough.
大変 Tough.

**A:** How is your job hunting going?
仕事探しはどう？

**B:** Tough.
大変。

## 40 とにかく Anyway.
とにかく Anyway.

A: Sorry, I keep talking about the same thing.
ごめんなさい、同じことばかり話して。

B: Anyway. Where should we eat lunch?
とにかく。どこでランチする？

## 41 ひどい Awful!
ひどい Awful!

A: Jim broke his legs in the car accident.
ジムが自動車事故で両足を骨折したよ。

B: Awful!
ひどい！

＊Terrible! も同じような意味で使われます。

## 42 優秀 Brilliant!
優秀 Brilliant!

A: By age 18, he graduated from university and owned his own business.
彼、18歳までに大学を卒業して自分の会社を持ったんだ。

B: Brilliant!
優秀！

1語の表現　25

## 43

つまらない Boring.
つまらない Boring.

A: How was the lecture?
　講義はどうだった？

B: Boring.
　つまらなかった。

## 44

凍(こご)えそう Freezing.
凍(こご)えそう Freezing.

A: How's the weather in your area today?
　君のところ、今日のお天気はどう？

B: Freezing.
　凍(こご)えそう。

## 45

豪華 Gorgeous!
豪華 Gorgeous!

（劇場などで）

A: Look at that costume!
　見てよ、あの衣装！

B: Gorgeous!
　豪華！

| 46 | すぐに Immediately.<br>すぐに Immediately. |

**A:** When shall we start?
いつから始めましょうか？

**B:** Immediately.
すぐに。

| 47 | 壮大だよ Magnificent!<br>壮大だよ Magnificent! |

（グランドキャニオンへ行って）

**A:** Look!
見て！

**B:** Magnificent!
壮大だね！

| 48 | いじわる Nasty.<br>いじわる Nasty. |

**A:** Was she good to you?
彼女はよくしてくれた？

**B:** No. Nasty.
全然。いじわるだった。

1語の表現 27

**49** 怖い Scary!
怖い Scary!

A: He saw a shark while scuba diving.
彼、スキューバダイビングの最中にサメを見たんだって。

B: Scary!
怖い！

**50** だれでも Whoever.
だれでも Whoever.

A: Who should I bring to your party?
あなたのパーティーにだれを誘ったらいい？

B: Whoever.
だれでも。

**51** 何でも Whatever.
何でも Whatever.

A: What should I bring?
何を持ってくればいい？

B: Whatever.
何でも。

## 52 見事だ Amazing!
見事だ Amazing!

**A:** Look at that acrobatic flight.
あの曲芸飛行を見て。

**B:** Amazing!
見事だね！

＊ほかに「驚くね」「感心するね」「素晴らしい」などの意味でも使われます。

## 53 まあまあ So-so.
まあまあ So-so.

**A:** How is your business?
仕事はどうだい？

**B:** So-so.
まあまあ。

## 54 当たり Bingo!
当たり Bingo!

**A:** Let me guess, you're going out with John.
あなた、ジョンと付き合っているんでしょ。

**B:** Bingo!
当たり！

## 55 ウーン、違う Uh-uh.
ウーン、違う Uh-uh.

**A:** So, you like Bob.
ということは、ボブが好きなのね。

**B:** Uh-uh.
ウーン、違う。

＊No. と同じ意味でよく使われます。

## 56 そうそう Uh-huh.
そうそう Uh-huh.

**A:** Is that you in the picture?
この写真、君？

**B:** Uh-huh.
そうそう。

＊Yes. と同じ意味でよく使われます。また、話のあいづちとしてもよく使われます。

## 57 しゃれてる Stylish.
しゃれてる Stylish.

**A:** What do you think of my new shoes?
私の新しい靴、どう思う？

**B:** Stylish.
しゃれてるね。

## 58 サイアク Perfect.
サイアク Perfect.

**A:** My computer froze and destroyed my entire document.
コンピューターがフリーズして書類が全部消えた。

**B:** Perfect.
サイアク。

＊ここでは、perfect は反語として使われています。

## 59 本当に？ Really?
本当に？ Really?

**A:** He passed the bar exam.
彼、司法試験に受かったんだって。

**B:** Really?
本当？

## 60 どうして？ Why?
どうして？ Why?

**A:** I still wonder if I should take that job.
あの仕事を受けるべきかどうかまだ迷ってるんだ。

**B:** Why?
どうして？

## 61

何？　What?
何？　What?

**A:** The concert was cancelled.
コンサートがキャンセルになったよ。

**B:** What?
何だって？

＊この what は驚きを表しています。

## 62

いつ？　When?
いつ？　When?

**A:** Shall we go for a drive?
ドライブに行かないか？

**B:** When?
いつ？

## 63

だれ？　Who?
だれ？　Who?

**A:** I finally found Mr. Right.
ついに理想の男性を見つけたわ。

**B:** Who?
だれなの？

## 64

覚えている？　Remember?
覚えている？　Remember?

**A:** We watched that movie together. Remember?
この映画一緒に見たじゃない。覚えている？

**B:** I do.
ああ。

## 65

ほらね？　See?
ほらね？　See?

**A:** This robot dog can talk. See?
このロボット犬は話せるんだよ。ほらね？

**B:** Wow!
わあ！

CD1 23 ~ CD1 85

*No wonder.*

## 2語の表現

「どおりでね *No wonder.*」から「何かあったの? *Anything wrong?*」まで

## 66

**どおりでね** No wonder.
**どおりでね** No wonder.

(近所の奥さんの英語が上手だという話が出て)

**A:** She lived in the U.S. for seven years.
彼女、アメリカに7年住んでたのよ。

**B:** No wonder.
どおりでね。

## 67

**もちろん** Of course.
**もちろん** Of course.

**A:** Can I join you?
ご一緒していいですか？

**B:** Of course.
もちろん。

＊「～してもいい？」と聞かれて「もちろん」と言う場合。

## 68

**どうぞ** Go ahead.
**どうぞ** Go ahead.

(エレベーターのドアが開いて)

**A:** May I?
（お先に）いいですか？

**B:** Go ahead.
どうぞ。

＊「どうぞ～してください」という意味で広く使われます。

## 69

**いいなあ** Lucky you.
**いいなあ** Lucky you.

**A:** I got a scholarship to Harvard.
ハーバードへの奨学金をもらえるの。

**B:** Lucky you.
いいなあ。

＊自分のことを言う場合、Lucky me. でも使えます。

## 70

**かまわない** No problem.
**かまわない** No problem.

**A:** Can I bring my kids to the party?
パーティーに子どもを連れていってもいいかしら？

**B:** No problem.
かまわないわ。

## 71

**いい考えだ** Good idea.
**いい考えだ** Good idea.

**A:** Let's cook for Mom on Mother's Day.
母の日にはお母さんにご飯を作ってあげよう。

**B:** Good idea.
いい考えだね。

2語の表現 37

## 72

**まあね** Sort of.
**まあね** Sort of.

**A:** Have you known him for a long time?
彼とは長い付き合いなの？

**B:** Sort of.
まあね。

＊Kind of. も同じ意味です。

## 73

**まだ** Not yet.
**まだ** Not yet.

**A:** We are leaving soon. Are you ready?
もうすぐ出かけるよ。準備はできた？

**B:** Not yet.
まだ。

## 74

**まあまあです** Not bad.
**まあまあです** Not bad.

**A:** How was the new Mexican restaurant?
新しいメキシコ料理のお店、どうだった？

**B:** Not bad.
まあまあです。

## 75

**がんばって Good luck.**
**がんばって Good luck.**

A: I'm going for a job interview tomorrow.
　明日仕事の面接があるんだ。

B: **Good luck.**
　がんばって。

## 76

**それほどでもない Not really.**
**それほどでもない Not really.**

（友人の新車を見て）
A: Wow, it must be expensive.
　わぁ、高かったろうな。

B: **Not really.**
　それほどでもないよ。

## 77

**とんでもない No way!**
**とんでもない No way!**

A: Why don't you sing at my wedding party?
　私の披露宴で歌ってくれない？

B: **No way!**
　とんでもない！

＊強く断るときの言い方です。

## 78

わかっている **I know.**
わかっている **I know.**

**A:** Smoking is not good for your health.
タバコは健康によくないのよ。

**B:** **I know.**
わかっているよ。

## 79

私も（肯定）　**Me, too.**
私も（肯定）　**Me, too.**

**A:** I love this song.
私、この曲大好き。

**B:** **Me, too.**
私も。

## 80

私も（否定）　**Me, either.**
私も（否定）　**Me, either.**

**A:** I don't like this dress.
このドレスは好きじゃないわ。

**B:** **Me, either.**
私も。

＊文法的には Me, neither. が正しいのですが、会話では Me, either. も使われます。

## 81 何とも言えない I wonder.
何とも言えない I wonder.

**A:** Do you think we could get into Harvard University?
僕たちハーバード大学に行けると思う？

**B:** I wonder.
何とも言えないよ。

＊可能性が低いときに使います。

## 82 同感 I agree.
同感 I agree.

**A:** Nice kids usually have nice parents.
いい子は親もいい人であることが多い。

**B:** I agree.
同感。

## 83 やっても無駄 No use.
やっても無駄 No use.

**A:** Let's ask for a pay-rise.
賃上げを要求しよう。

**B:** No use.
やっても無駄だよ。

## 84

**相変わらず** As usual.
**相変わらず** As usual.

**A:** How are things going?
元気？

**B:** As usual.
相変わらずさ。

## 85

**かわいそうに** Poor thing.
**かわいそうに** Poor thing.

**A:** I saw a puppy left in the park.
子犬が公園に捨てられていたのを見たわ。

**B:** Poor thing.
かわいそうに。

## 86

**ずいぶんよくなった** Much better.
**ずいぶんよくなった** Much better.

(風邪をひいていた友人に)

**A:** How are you feeling?
調子はどう？

**B:** Much better.
ずいぶんよくなったよ。

## 87 何となく Just because.
何となく Just because.

A: Why do you love David so much?
デビッドのどこがそんなに好きなの？

B: Just because.
何となくね。

## 88 ほんの好奇心 Just curious.
ほんの好奇心 Just curious.

A: Why do you ask me about her so much?
なんでそんなに彼女のことばかり聞くの？

B: Just curious.
ほんの好奇心だよ。

## 89 またかよ Not again!
またかよ Not again!

A: I forget to bring your book again.
またあなたの本持ってくるの忘れちゃった。

B: Not again!
またかよ！

## 90

**ケースバイケースだよ It depends.**
**ケースバイケースだよ It depends.**

A: Do you always work at home?
いつも仕事は家でするの？

B: It depends.
ケースバイケースだよ。

## 91

**どういたしまして My pleasure.**
**どういたしまして My pleasure.**

A: Thank you so much for your help.
助けてくれて本当にありがとう。

B: My pleasure.
どういたしまして。

*You are wellcome. とともによく使われます。

## 92

**やるねえ Good job.**
**やるねえ Good job.**

A: This is my mother's portrait. I drew it.
この母の肖像画は僕が描いたんだ。

B: Good job.
やるねえ。

## 93 冗談だろう No kidding!
冗談だろう No kidding!

(見た目が若い友人のことについて)

**A:** George is already 40.
ジョージはもう40だよ。

**B:** No kidding!
冗談だろう！

＊直訳は「kid（からかう）しないで」です。

## 94 現実を見なさい Face it.
現実を見なさい Face it.

(リストラについて会議している)

**A:** Isn't there any other way?
ほかに方法はないでしょうか？

**B:** Face it. We have no other choice.
現実を見なさい。ほかに選択肢はない。

＊直訳は、「そのことを真正面から見なさい」です。

## 95 そうだね I'll say.
そうだね I'll say.

**A:** Can you believe he gave me this ring? It's huge.
信じられる？ 彼がこの指輪をくれたのよ。大きいでしょ。

**B:** I'll say.
そうだね。

2語の表現

## 96

**チョロいものさ** No sweat.
**チョロいものさ** No sweat.

**A:** Can you finish painting the walls by 5?
5時までに壁を塗り終えることはできる？

**B:** No sweat.
チョロいものさ。

## 97

**すぐにわかるよ** You'll see.
**すぐにわかるよ** You'll see.

**A:** Who's coming to the party?
パーティーにはだれが来るの？

**B:** You'll see.
すぐにわかるよ。

＊see には「わかる」という意味があります。

## 98

**そうとは言い切れない** Not entirely.
**そうとは言い切れない** Not entirely.

**A:** Fat people are not good athletes.
太っている人は運動が苦手ね。

**B:** Not entirely.
そうとは言い切れない。

## 99 皆がそうとは限らない Not everybody.
皆がそうとは限らない Not everybody.

**A:** We all want to be rich and famous in the future.
みんな将来は金持ちで有名になりたがってる。

**B:** Not everybody.
皆がそうとは限らないよ。

## 100 上がり I'm out!
上がり I'm out!

(マージャンをしていて)

**A:** I'm out!
上がり！

**B:** So fast?
そんなに早く？

## 101 あらまあ My goodness!
あらまあ My goodness!

**A:** I forgot my purse in the restaurant.
レストランにお財布を忘れてきたわ。

**B:** My goodness!
あらまあ！

## 102

**おごるよ My treat.**
**おごるよ My treat.**

**A:** Let's go to the new Italian restaurant. My treat.
新しいイタリア料理の店へ行こう。おごるよ。

**B:** How sweet!
まあ、やさしいのね!

## 103

**もし都合がよければ If convenient.**
**もし都合がよければ If convenient.**

**A:** Do you want me to pick her up?
代わりに彼女を(車で)拾ってきてあげようか?

**B:** If convenient.
もし都合がよければ。

## 104

**もしできるなら If possible.**
**もしできるなら If possible.**

**A:** Let's park close to the entrance.
入り口に近い駐車場に止めよう。

**B:** If possible.
もしできるなら。

## 105

お大事に　Bless you.
お大事に　Bless you.

（くしゃみをしたときに）
**A:** Bless you.
　　お大事に。
**B:** Thank you.
　　どうも。

＊相手がくしゃみをしたときに限って、よく使います。

## 106

いい勘してるね　Good guess!
いい勘してるね　Good guess!

**A:** You go out with June, right?
　　ジェーンとデートしているんだろう？
**B:** Good guess!
　　いい勘してるね！

## 107

勘定をお願いします　Check, please.
勘定をお願いします　Check, please.

（レストランで）
**A:** Shall we go?
　　そろそろ行こうか？
**B:** Yes. Check, please.
　　そうだね。（ウエーターに）勘定をお願いします。

※コラム参照

2語の表現

### please を使うとさまざまなことが表現できます。

| | |
|---|---|
| 勘定をお願いします。 | Check, please. |
| プラザホテルへお願いします。 | Plaza Hotel, please. |
| 禁煙席に座りたいのですが。 | Non-smoking area, please. |
| 日本語のメニューをください。 | Japanese menu, please. |
| そのお皿を取ってください。 | That dish, please. |
| もっと大きな声でお願いします。 | More loudly, please. |
| コーヒーお願いします。 | Coffee, please. |
| ミルクを入れてくださいますか。 | With milk, please. |

## 108 厳密に言うとだめです Technically, no.
厳密に言うとだめです Technically, no.

**A:** Can I eat at your restaurant without a reservation?
お宅のレストラン、予約なしで食事はできますか？

**B:** Technically, no.
厳密に言うとだめです。

## 109 すごい知らせだ Great news!
すごい知らせだ Great news!

**A:** My wife is expecting in June!
妻が6月に出産予定なんだ！

**B:** Great news!
すごい知らせだ！

## 110 今はもうしていない Not anymore.
今はもうしていない Not anymore.

A: Are you still dating David?
まだデビッドと付き合ってるの？

B: Not anymore.
今はもう付き合ってないわ。

## 111 なるほど Good point.
なるほど Good point.

（会社の会議で）

A: We should spend more money on advertising.
広告にもっと金をかけるべきです。

B: Good point.
なるほど。

## 112 難しい判断だね Tough decision.
難しい判断だね Tough decision.

A: I wonder if I should quit my job or not.
仕事を辞めるかどうか迷っているんだ。

B: Tough decision.
難しい判断だね。

## 113 準備完了 All set.
準備完了 All set.

**A:** It's time to go!
もう行く時間だよ！

**B:** All set.
準備完了。

## 114 持ち帰りで To go.
持ち帰りで To go.

(ファーストフードの店で)

**A:** For here or to go?
店内ですか、お持ち帰りですか？

**B:** To go.
持ち帰りです。

＊イギリス、オーストラリアでは To take away. と言います。

## 115 ここを動かないで Stay put.
ここを動かないで Stay put.

**A:** I will be back soon, so stay put.
すぐ帰ってくるから、ここを動かないでね。

**B:** I will.
そうするよ。

## 116
**特になし　Nothing special.**
**特になし　Nothing special.**

A: Do you have any plan for the weekend?
　　週末に何か予定してる？

B: Nothing special.
　　特にないよ。

## 117
**売り切れ　Sold out.**
**売り切れ　Sold out.**

(店で)

A: Do you have this bag in different colors?
　　このバッグ、ほかの色はないですか？

B: Sorry, sold out.
　　すみません、売り切れです。

## 118
**お先にどうぞ　After you.**
**お先にどうぞ　After you.**

(エレベーターや入り口のドアのところで)

A: After you.
　　お先にどうぞ。

B: Thank you.
　　ありがとう。

2語の表現　53

## 119

またね  Take care.
またね  Take care.

**A:** Goodbye.
さよなら。

**B:** Take care.
またね。

＊See you. も同じ意味でよく使われます。

## 120

ようこそお帰り  Welcome back!
ようこそお帰り  Welcome back!

(空港で出迎えて)
**A:** Welcome back!
ようこそお帰り！

**B:** Thank you for coming!
迎えにきてくれてありがとう！

## 121

今日はやめておきます  Not today.
今日はやめておきます  Not today.

**A:** Shall we eat out?
外食する？

**B:** Not today.
今日はやめておこう。

## 122 私は違う Not me.
私は違う Not me.

**A:** So everyone is having coffee?
じゃあ、みなさんコーヒーでいいのね？

**B:** Not me. Tea, please.
私は違います。紅茶をお願い。

## 123 絶対そんなことない Absolutely not.
絶対そんなことない Absolutely not.

（机の落書きをみつけて、子どもに）

**A:** Did you do that?
あなたがやったの？

**B:** Absolutely not.
絶対やってない。

＊notを強調する言い方です。

## 124 すぐに Right away.
すぐに Right away.

**A:** Will you get me the car key?
車のキーを取ってきてくれる？

**B:** Right away.
すぐに。

2語の表現

## 125

**また会ったね** Hi again.
**また会ったね** Hi again.

(ぶつかりそうになって)

A: Excuse me. Oh, it's you.
すみません。あ、君か。

B: **Hi again.**
また会ったね。

## 126

**見ているだけです** Just looking.
**見ているだけです** Just looking.

(お店で)

A: May I help you?
何かお探しですか?

B: **Just looking,** thanks.
見ているだけです、ありがとう。

## 127

**冗談よ** Just kidding.
**冗談よ** Just kidding.

(会社でもうじきリストラが始まると聞かされて)

A: Oh my goodness!
そんな!

B: **Just kidding.** Take it easy.
冗談だよ。落ち着けよ。

## 128 はっきり話しなさい Speak up!
はっきり話しなさい Speak up!

(もごもご話している生徒に先生が)

**A:** Speak up!
はっきり話しなさい！

**B:** I forgot to bring my homework, sir.
先生、宿題を持ってくるのを忘れました。

＊丁寧に言うときには、〜, please. を使いましょう。

## 129 あきらめないで Keep trying.
あきらめないで Keep trying.

**A:** I failed the test again.
また試験に失敗したよ。

**B:** Keep trying.
あきらめないで。

＊直訳は「トライし続けて」です。

## 130 楽しんできて Enjoy yourself.
楽しんできて Enjoy yourself.

**A:** I'm leaving for Italy in a week.
あと1週間でイタリアに行くの。

**B:** That's great. Enjoy yourself.
それはすごい。楽しんできて。

＊Have fun. も同じ意味で使われます。

## 131

**落ち着いて Calm down.**
**落ち着いて Calm down.**

**A:** Oh no, I lost my wallet!
ああなんてこった、お財布をなくしたよ！

**B:** Calm down.
落ち着いて。

## 132

**君の番 Your turn.**
**君の番 Your turn.**

（トランプをしていて）
**A:** I'll pass. Your turn.
パスするよ。君の番。

**B:** Yeah, I'm out.
やった、上がり。

## 133

**さあね Nobody knows.**
**さあね Nobody knows.**

（奇妙な集団を見て）
**A:** What are they doing?
何をしてるのかしら？

**B:** Nobody knows.
さあね。

＊直訳は「だれも知らない」です。

## 134

全部片付いた  All done.
全部片付いた  All done.

A: Have you finished your work?
   仕事は終わったの？

B: All done.
   全部片付いた。

## 135

かかってこい  Come on.
かかってこい  Come on.

A: Let's arm-wrestle.
   腕相撲をしようよ。

B: OK. Come on.
   いいよ、かかってこい。

## 136

休暇中です  On vacation.
休暇中です  On vacation.

A: Where is he?
   彼はどこ？

B: On vacation.
   休暇中です。

## 137

どっちでもいいよ No difference.
どっちでもいいよ No difference.

**A:** Which do you think is better?
どっちがいいと思う？

**B:** No difference.
どっちでもいいよ。

＊直訳は「どちらでも違いがない」です。

## 138

危ない Watch out!
危ない Watch out!

**A:** Watch out, a car is coming!
危ない、車が来てるよ！

**B:** Oh, I didn't see it.
ああ、見てなかったわ。

## 139

満腹です I'm full.
満腹です I'm full.

**A:** Would you like another piece of cake?
ケーキをもう一切れいかがですか？

**B:** No thanks, I'm full.
ありがとう、でももう満腹です。

## 140

**とてもいい Pretty good.**
**とてもいい Pretty good.**

A: How is this wine?
このワインどう？

B: **Pretty good.**
とてもいいよ。

※コラム参照

---

**column**

**pretty には「かわいい」のほかに「とても〜(very)」の意味もあって、日常会話でよく使われます。**

| | |
|---|---|
| とてもいい。 | Pretty good. |
| とても難しい。 | Pretty hard. |
| とても大変。 | Pretty serious. |
| とてもかっこいい。 | Pretty neat. |
| とてもいいよ。 | Pretty well. |
| 完全に間違っている。 | Pretty wrong. |
| とても明確だ。 | Pretty clear. |

---

## 141

**行儀よくして Behave yourself.**
**行儀よくして Behave yourself.**

A: This is a very prestigious hotel. **Behave yourself.**
ここは格式高いホテルだからね。行儀よくして。

B: I will.
わかった、そうする。

## 142

**ご自由にどうぞ** Help yourself.
**ご自由にどうぞ** Help yourself.

(友人を招いたパーティーで)

A: Here you are. **Help yourself.**
はいどうぞ。ご自由にどうぞ。

B: Looks delicious, thanks.
おいしそう、ありがとう。

## 143

**仕方がない** That's life.
**仕方がない** That's life.

A: Kids never live up to their parents' expectations.
子どもたちは親の思いどおりには育たないわ。

B: **That's life.**
仕方ないよ。

＊直訳は、文字どおり「それが人生さ」です。

## 144

**すみません** Excuse me.
**すみません** Excuse me.

A: **Excuse me.** Could you open the window?
すみません。窓を開けてくれませんか？

B: Sure.
いいですよ。

＊Sorry. は、何か悪いことをして謝るときに使います。Excuse me. との使い分けに注意してください。

## 145
**私です** It's me.
**私です** It's me.

(電話で)
**A:** Hello?
もしもし？
**B:** Hello. It's me, Jane.
もしもし。私です。ジェーンよ。

## 146
**教えて** Tell me.
**教えて** Tell me.

**A:** Tell me. Why are you so upset?
教えて。どうしてそんなにカッカしてるの？

**B:** I had a fight with my boyfriend.
彼とけんかしたのよ。

＊Teach me. ではないので注意してください。

## 147
**あそこです** Over there.
**あそこです** Over there.

**A:** Is there a postbox around here?
この辺りにポストはありますか？

**B:** Over there.
あそこですよ。

## 148

**それだけのこと　That's all.**
**それだけのこと　That's all.**

A: Why haven't you called me lately?
なぜこのごろ電話をくれないの？

B: I've been busy. That's all.
忙しいんだよ。ただそれだけ。

## 149

**終わりだ　It's over.**
**終わりだ　It's over.**

A: I may flunk. It's over.
落第するかも。終わりだよ。

B: Don't be so pessimistic.
そう悲観的になるなよ。

## 150

**私についてきて　Follow me.**
**私についてきて　Follow me.**

A: Where's the cosmetics section?
化粧品売り場はどこですか？

B: I'll show you. Follow me.
案内します。ついてきてください。

## 151

気をつけて　Be careful.
気をつけて　Be careful.

A: I'm crazy about TV games.
テレビゲームにはまってるんだよ。

B: Be careful. They're addictive.
気をつけてね。中毒になるから。

## 152

例外なく　Without exceptions.
例外なく　Without exceptions.

A: You have to be there by 5 o'clock.
5時までに必ずそこに行くこと。

B: Without exceptions?
例外なくですか？

A: Yes, without exceptions.
そう、例外なく。

## 153

おもしろそう　Sounds interesting.
おもしろそう　Sounds interesting.

A: This story is based on the truth.
この話は事実に基づいているんだよ。

B: Sounds interesting.
おもしろそう。

※コラム参照

> **Sounds 〜 で「〜そうだ」。便利な表現で、会話で頻出します。**
>
> | | |
> |---|---|
> | おもしろそうだ。 | Sounds interesting. |
> | 何かありそうだね。 | Sounds strange. |
> | 興味をそそられそうだ。 | Sounds fascinating. |
> | よさそうだ。 | Sounds good. |
> | 時期尚早のようだ。 | Sounds premature. |
> | いいね。 | Sounds great. |
> | 疑わしい。 | Sounds suspicious. |
> | 深刻そう。 | Sounds serious. |

## 154 確かだよ I'm sure.
確かだよ I'm sure.

**A:** Are you sure this is the right answer?
本当にこれが正しい答え？

**B:** I'm sure.
確かだよ。

## 155 いつか Some day.
いつか Some day.

**A:** When will we be rich?
いつになったらお金持ちになれるの？

**B:** Some day.
いつかね。

## 156

**金がものを言う Money talks.**
**金がものを言う Money talks.**

A: The president-elect is a billionaire.
次期大統領は億万長者だ。

B: Money talks.
金がものを言うね。

## 157

**気を悪くしないで No offence.**
**気を悪くしないで No offence.**

A: No offence. But I think you misunderstand me.
気を悪くしないで。でもあなたは私のことを誤解していると思うわ。

B: How so?
どういうこと？

## 158

**元気を出して Cheer up!**
**元気を出して Cheer up!**

(テニスの試合に負けて)

A: I lost the game again.
また試合に負けちゃった。

B: Cheer up! There's another chance.
元気を出して！　また次の機会があるよ。

## 159
**そんなの常識だよ** Everyone knows.
**そんなの常識だよ** Everyone knows.

**A:** Rick is dating Sally.
リックとサリーは付き合っているよ。

**B:** Everyone knows.
そんなの常識だよ。

＊直訳は、「みんなが知っている」です。

## 160
**前もって** In advance.
**前もって** In advance.

**A:** When do I pay for the ticket?
切符の料金はいつ払えばいいですか？

**B:** In advance.
前もってです。

## 161
**無料で** For nothing.
**無料で** For nothing.

（簡単な修理などをしてもらって）

**A:** How much?
おいくら？

**B:** For nothing.
無料です。

**A:** Oh, how kind of you!
まあ、ご親切にありがとう！

## 162 いつものことだよ That's usual.
いつものことだよ That's usual.

A: He is in a bad mood today.
彼は今日は機嫌悪いわ。

B: That's usual.
いつものことだよ。

## 163 当然さ You bet.
当然さ You bet.

A: Can you come to my wedding?
私の結婚式に来られる？

B: You bet.
当然さ。

## 164 かもしれない Might be.
かもしれない Might be.

A: Is the Chinese restaurant closed on Tuesdays?
あの中華料理店は火曜日は閉まってる？

B: Might be.
かもしれない。

＊この might は、時間（過去）ではなく、心の表現。あまり確信のないときに使います。

## 165

**すぐ行きます** I'm coming.
**すぐ行きます** I'm coming.

**A:** Somebody, help me.
だれか、手伝って。

**B:** I'm coming.
すぐ行きます。

## 166

**くたくた** I'm exhausted.
**くたくた** I'm exhausted.

(10キロマラソンに出た友達に)

**A:** How do you feel after the marathon?
マラソン走ってみてどう？

**B:** I'm exhausted.
くたくただ。

## 167

**困った人ね** You're impossible!
**困った人ね** You're impossible!

**A:** I want money, but I refuse to work.
お金は欲しいけど、働くのはいや。

**B:** You're impossible!
困った人ね！

## 168

**ワクワクする** I'm thrilled.
**ワクワクする** I'm thrilled.

A: I heard you are going to study in the U.S.
アメリカに留学するんだってね。

B: Yes. I'm thrilled.
ええ。ワクワクしています。

## 169

**ありきたりすぎる** Too banal.
**ありきたりすぎる** Too banal.

A: Do you like that comedian's joke?
あのコメディアンのジョークは好き？

B: No. Too banal.
いいや。ありきたりすぎるよ。

## 170

**手ごろだね** That's reasonable.
**手ごろだね** That's reasonable.

(友人と買い物をしていて)

A: Look! That jacket is only 10,000 yen.
見て！　あのジャケットたったの1万円よ。

B: That's reasonable.
手ごろじゃない。

＊reasonable は、値段や提案が妥当である、手ごろであるという意味でよく使われます。

### 171
**満足している** I'm satisfied.
**満足している** I'm satisfied.

A: How do you like your new job?
新しい仕事はどう？

B: I'm satisfied.
満足している。

### 172
**いいですよ** That's OK.
**いいですよ** That's OK.

A: Sorry, I'm late. My train was delayed.
遅れてごめんなさい。電車が遅れてしまって。

B: That's OK.
いいですよ。

### 173
**そうなんだ** I see.
**そうなんだ** I see.

A: CT stands for "computerized tomography."
CTとは「コンピューター断層撮影」の略語だよ。

B: I see.
そうなんだ。

## 174

**彼女はおめでたです** She's expecting.
**彼女はおめでたです** She's expecting.

(友人の妻がマタニティードレスを着ているのを見て)

**A:** Is she... ?
ひょっとして彼女……？

**B:** She's expecting.
おめでたなんだよ。

**A:** Oh, that's great.
それは素晴らしい。

## 175

**気にしないで** Never mind.
**気にしないで** Never mind.

**A:** Sorry. I'm late.
ごめんなさい。遅れました。

**B:** Never mind.
気にしないで。

## 176

**はらぺこだ** I'm starving.
**はらぺこだ** I'm starving.

**A:** I'm starving.
はらぺこだ。

**B:** Let's have lunch.
お昼にしよう。

2 語の表現

## 177 感心した I'm impressed.
感心した I'm impressed.

A: I knitted this myself.
これ自分で編んだの。

B: I'm impressed.
感心したよ。

## 178 確かにそうだ That's true.
確かにそうだ That's true.

A: Marriages are difficult to maintain.
結婚生活を続けていくのは難しい。

B: That's true.
確かにそうだ。

## 179 お気の毒に I'm sorry.
お気の毒に I'm sorry.

A: Tom's mother passed away.
トムのお母さんが亡くなったわ。

B: I'm sorry.
お気の毒に。

＊もちろん、「すみません」と謝るときにも使います。

## 180

**何でもいい　Anything's OK.**
**何でもいい　Anything's OK.**

A: What would you like to drink?
　何が飲みたいの？

B: **Anything's OK.**
　何でもいいよ。

## 181

**タダです　It's free.**
**タダです　It's free.**

A: How much is the entrance fee?
　入場料はいくら？

B: **It's free.**
　タダだよ。

## 182

**十分いただきました　That's enough.**
**十分いただきました　That's enough.**

A: Would you like some more?
　もう少しいかが？

B: **That's enough.** Thank you.
　十分いただきました。ありがとう。

## 183 偏見だ That's stereotyping.
偏見だ That's stereotyping.

A: Black people are good at basketball.
黒人はバスケがうまいよ。

B: That's stereotyping.
偏見だよ。

## 184 驚いた I'm surprised.
驚いた I'm surprised.

A: They got married!
あいつら結婚したらしい！

B: I'm surprised.
驚いた。

## 185 空いている It's vacant.
空いている It's vacant.

A: Is anyone using the bathroom?
お手洗いをだれか使っていますか？

B: No, it's vacant.
いいえ、空いてますよ。

## 186

**マジだよ I'm serious.**
**マジだよ I'm serious.**

A: Would you marry me?
　結婚してくれますか？

B: Are you kidding?
　冗談でしょ？

A: No, I'm serious.
　いや、マジだよ。

## 187

**のどがかわいた I'm thirsty.**
**のどがかわいた I'm thirsty.**

A: I'm thirsty. Can I drink this juice?
　のどがかわいた。このジュース、飲んでいい？

B: Sure.
　いいよ。

## 188

**居心地がいい It's cozy.**
**居心地がいい It's cozy.**

A: I like this room very much.
　この部屋とても好きだわ。

B: Me, too. It's cozy.
　私も。居心地がいいわね。

2語の表現

## 189

**もうこりごり** That's it.
**もうこりごり** That's it.

A: **That's it.** I'm never going to do this again.
　もうこりごり。もう二度とこんなことをしないわ。

B: I know how you feel.
　気持ちはわかるよ。

＊That's it? なら「これでおしまい？」の意味になります。

## 190

**間違いない** No doubt.
**間違いない** No doubt.

A: Is this the quickest shortcut?
　これが一番早い近道？

B: **No doubt.**
　間違いない。

＊直訳は「疑いはない」です。

## 191

**すべて順調** Everything's fine.
**すべて順調** Everything's fine.

A: How is your new job?
　新しい仕事はどう？

B: **Everything's fine.**
　すべて順調よ。

## 192 ついに At Last!
ついに At Last!

**A:** Jim and Sally got married.
ジムとサリーが結婚したんですって。

**B:** At last!
ついに！

## 193 そうかもね Could be.
そうかもね Could be.

（恋人にバースデープレゼントをまだ渡していない人について）

**A:** He must have forgotten June's birthday.
あの人、ジューンの誕生日を忘れているに違いないわ。

**B:** Could be.
そうかもね。

*この could は、時間（過去）ではなく、心の表現で、「〜ということもあり得ないことではない」という意味です。

## 194 あり得ない Couldn't be.
あり得ない Couldn't be.

**A:** He says it is true.
彼はそれは本当だと言ったよ。

**B:** Couldn't be.
あり得ないよ。

*この could も心の表現。

## 195
さあ、乗って Hop in.
さあ、乗って Hop in.

(車の前で)

A: Mom, I'm ready!
　ママ、用意できたよ！

B: Hop in.
　さあ、乗って。

## 196
近づいちゃだめ Keep off!
近づいちゃだめ Keep off!

A: Keep off! Wet paint!
　近づいちゃだめ！ペンキ塗りたてよ！

B: Thanks, I didn't notice.
　ありがとう、気がつかなかったよ。

## 197
まぐれだよ Lucky guess.
まぐれだよ Lucky guess.

A: How did you know the answer?
　どうしてその答えがわかったの？

B: Lucky guess.
　まぐれだよ。

## 198 そのうちわかるさ  We'll see.
そのうちわかるさ  We'll see.

**A:** Do you think he will do a good job?
彼、いい仕事をすると思う？

**B:** We'll see.
そのうちわかるさ。

## 199 そういうわけか  That's why.
そういうわけか  That's why.

(なぜ何度電話をかけても留守だったのかと聞かれて)

**A:** I was in the U.S. on business.
出張でアメリカに行っていたんだよ。

**B:** Oh, that's why.
そういうわけだったの。

## 200 いじわるね  You're mean.
いじわるね  You're mean.

(仲のいい女性同士で)

**A:** Have you put on weight?
太った？

**B:** You're mean.
あなたっていじわるね。

## 201

**派手すぎる Too flashy.**
**派手すぎる Too flashy.**

A: What about this pink dress?
このピンクのドレスどう？

B: **Too flashy.**
派手すぎるよ。

## 202

**うれしい How nice!**
**うれしい How nice!**

A: I'll take you to the ball game.
野球の試合に連れていってあげよう。

B: **How nice!**
うれしい！

＊直訳は「なんてすてきなんでしょう」です。　　　※コラム参照

---

**column**

**How 〜 で、「なんて〜なんだろう」という意味です。**

| | |
|---|---|
| うれしい。 | How nice! |
| 本当に。 | How true! |
| かわいそうに。 | How sad! |
| サイアク。 | How awful! |
| ロマンチックね。 | How romantic! |
| がっかりだわ。 | How disappointing! |
| なんてやさしい。 | How sweet! |

ご購読ありがとうございました。ぜひご意見をお聞かせください。

● **この本のタイトル** (ご記入下さい)

〒　　　　　　　　　　　　　　TEL　（　　）
ご住所

お名前　　　　　　　　　　　　　　　　　　　　　年齢　　　歳
　　　　　　　　　　　　　　　　　　　　　　　　性別　男　女

E-メールアドレス

ご職業　　公務員　教員　主婦　自由業　自営業　アルバイト　学生
　　　　　会社員　無職　その他（　　　　　　　　　　　　　　　）

会社または学校名　　　　　　　　　所属・役職名または専攻

① **お買い上げ日・書店名**　　　　　　　書店以外（　　　　　　　）

② **本書を知ったきっかけ**
　　1 書店の店頭　2 広告（掲載紙誌名：　　　　　）　3 書評欄
　　4 その他（　　　　　　　　　　　　　　　　　　　　　　　）

③ **ご購入の目的**
　　1 個人的な利用　2 共用の資料として　3 講座等のテキスト　4 その他（　　）

④ **本書に対するご感想**

⑤ **カバーやデザイン、価格についての評価**
　　・カバーデザインは　　1 良い　2 目だつ　3 普通　4 悪い
　　・本文デザインは　　　1 良い　2 目だつ　3 普通　4 悪い
　　・タイトルは　　　　　1 良い　2 目だつ　3 普通　4 悪い
　　・価格は　　　　　　　1 安い　2 普通　3 高い

⑥ **どんな企画をご希望ですか**（著者、テーマなど）

⑦ **今後 e-メールによる新刊等のご案内を**
　　　　　・希望する　　　　　　・希望しない

郵便はがき

102-0083

（受取人）

東京都千代田区麹町三—二

相互麹町第一ビル

（株）中経出版

あなたと編集部を結ぶ
読者へのサービス係

行

切手を貼ってお出し下さい

---

毎月20名様に、抽選により小社発行の出版物を1冊贈呈致します。
下記の中からご希望の1冊を○で囲んで下さい。（なお当選発表は
本の発送をもってかえさせていただきます）

CD付 中国語が面白いほど身につく本
CD付 韓国語が面白いほど身につく本
CD付 フランス語が面白いほど身につく本
CD付 ドイツ語が面白いほど身につく本
CD付 スペイン語が面白いほど身につく本
普及版 35歳から英語を絶対身につける法
CD2枚付 よく使う順 英会話フレーズ745
よく使う順 英語イディオム577
よく使う順 英会話決まり文句618

中学英語を復習して英会話がペラペラになる本
CD付 中学3年間の英語を10時間で復習する本
CD付 中学英語で身につける日常会話
「中学英語」を復習してモノにする本
英会話1日1分学習法
子育て主婦の英語勉強法
普及版 ソニー式英会話 英語は3秒で話せ！
外資系で働く人の英語入門
EASY TALK

## 203 地味すぎる Too conservative.
地味すぎる Too conservative.

A: How is this jacket?
このジャケットはどう？

B: **Too conservative.**
地味すぎるよ。

## 204 いいえ、結構です No, thanks.
いいえ、結構です No, thanks.

A: Another cup of coffee?
コーヒーをもう一杯いかがですか？

B: **No, thanks.**
いいえ、結構です。

## 205 同じものをください Same here.
同じものをください Same here.

(喫茶店で)

A: I'll take coffee.
私はコーヒーにします。

B: **Same here.**
同じものをください。

＊Same here. は「あなたと同じ」という意味で広く使われます。

## 206

**終わったことだよ** It's history.
**終わったことだよ** It's history.

**A:** I'm sorry about our argument last night.
きのうの夜のけんかのことはごめんね。

**B:** It's history.
終わったことだよ。

## 207

**お気の毒** Tough luck.
**お気の毒** Tough luck.

**A:** I lost the race.
レースに負けたよ。

**B:** Tough luck.
お気の毒に。

## 208

**パスします** I'll pass.
**パスします** I'll pass.

**A:** I'm going for coffee, would you like to join me?
コーヒーを飲みに行くけど、あなたも行く？

**B:** I'll pass.
パスするわ。

## 209
**私がします I will.**
**私がします I will.**

A: Can anyone copy this for me?
だれかこれをコピーしてくれる？

B: **I will.**
私がします。

## 210
**それはよかった That's good.**
**それはよかった That's good.**

A: She is recovering from the surgery.
彼女は手術後順調のようだよ。

B: **That's good.**
それはよかった。

## 211
**がっかりだよ I'm disappointed.**
**がっかりだよ I'm disappointed.**

(テニスの試合に出場している友人について)

A: He can't go on to the finals.
彼は決勝に勝ち進めないね。

B: Yeah. **I'm disappointed.**
そうだね。がっかりだよ。

## 212

**よくあることさ It happens.**
**よくあることさ It happens.**

**A:** I made a mistake.
ミスをしてしまったよ。

**B:** Never mind. It happens.
気にしないで。よくあることさ。

## 213

**どうしてる？ What's new?**
**どうしてる？ What's new?**

**A:** Hi, what's new?
やあ、最近どうしてる？

**B:** Nothing special.
特に何もないわ。

## 214

**いくら？ How much?**
**いくら？ How much?**

**A:** I bought this cup at a bargain sale.
このカップを特価で買ったの。

**B:** How much?
いくらで？

## 215

いつまでに？ By when?
いつまでに？ By when?

**A:** Will you copy this file for me?
このファイルをコピーしてくれる？

**B:** By when?
いつまでに？

## 216

どのくらい？　How long?
どのくらい？　How long?

**A:** Kate and I have been neighbors for a long time.
ケイトと私はお隣同士になって長いわ。

**B:** How long?
どのくらい？

## 217

いくつ？ How many?
いくつ？ How many?

**A:** My hamster had her babies yesterday.
ハムスターがきのう子どもを産んだよ。

**B:** How many?
何匹？

**218** 何歳ですか？ How old?
何歳ですか？ How old?

A: My dog is getting quite old.
飼い犬がとても年をとったわ。

B: How old?
何歳ですか？

**219** 何があったの？ What happened?
何があったの？ What happened?

（大幅に遅刻した同僚に）
A: What happened?
何があったの？

B: Traffic was bad.
大渋滞だったのよ。

**220** どうして？ How come?
どうして？ How come?

A: To be honest, I hate him.
実は彼がきらいなの。

B: How come?
どうして？

## 221

**どうしたの？** What's wrong?
**どうしたの？** What's wrong?

（深刻な顔で）
**A:** I need to speak with you.
ちょっと話があるんだけど。

**B:** What's wrong?
どうしたの？

## 222

**あなたもいる？** Want some?
**あなたもいる？** Want some?

**A:** I'm having some juice. Want some?
ジュースを飲むけど、あなたもいる？

**B:** Yes, thanks.
ええ、ありがとう。

## 223

**何曜日？** What day?
**何曜日？** What day?

（映画に誘われて）
**A:** What day?
何曜日に？

**B:** How about Wednesday?
水曜はどう？

### 224

どこまで？　How far?
どこまで？　How far?

**A:** I went bicycle riding all day yesterday.
きのうは1日中サイクリングをしたよ。

**B:** How far?
どこまで？

＊直訳は「どこまで遠く？」です。

### 225

何時？　What time?
何時？　What time?

**A:** We have a meeting today.
今日、ミーティングがあるよ。

**B:** What time?
何時？

### 226

変わったことは？　Anything new?
変わったことは？　Anything new?

**A:** How have you been? Anything new?
どうしてた？　変わったことは？

**B:** Nothing special.
特に何も。

## 227 どちらまで？ Where to?
どちらまで？ Where to?

A: I'm going on a business trip next week.
来週出張があるんです。

B: Where to?
どちらまで？

## 228 たとえばどんな？ Like what?
たとえばどんな？ Like what?

A: I do lots of volunteer activities.
いろいろボランティアをしているのよ。

B: Like what?
たとえばどんな？

＊ほかに For example? Such as? なども同じような意味で使われます。

## 229 質問はありますか？ Any questions?
質問はありますか？ Any questions?

（会議などで）

A: Any questions?
質問はありますか？

B: No questions.
質問なしです。

＊複数形を使う点に注意してください。

2語の表現 91

## 230

だれと？ With who?
だれと？ With who?

**A:** I went hiking yesterday.
きのうはハイキングに行ったよ。

**B:** With who?
だれと？

＊Who with? とも言います。

## 231

何のために？ What for?
何のために？ What for?

**A:** I want you to go to city hall for me tomorrow.
明日代わりに市役所に行ってほしいんだけど。

**B:** What for?
何のために？

＊Why? ばかりでは情けない。

## 232

もう少しどう？ Some more?
もう少しどう？ Some more?

（食事の席で）

**A:** Some more?
もう少しどう？

**B:** No, thanks. I've had enough.
もう結構。もう十分いただきました。

## 233

何をやってる？　What's playing?
何をやってる？　What's playing?

A: Let's go to a movie.
　 映画を見に行こうよ。

B: Sounds nice. What's playing?
　 いいわね。何をやってる？

＊テレビやラジオの番組にも使えます。

## 234

こんな感じ？　Like this?
こんな感じ？　Like this?

（折り紙を教わりながら）

A: Will you fold the paper here and here?
　 紙のこことここを折ってくれる？

B: Like this?
　 こんな感じ？

## 235

お仕事ですか？　On business?
お仕事ですか？　On business?

A: I went to Paris last month.
　 先月パリに行きました。

B: On business?
　 お仕事ですか？

## 236

**遊びですか？  For pleasure?**
**遊びですか？  For pleasure?**

A: I went to London last month.
　先月ロンドンに行きました。

B: **For pleasure?**
　遊びですか？

A: No, on business.
　いいえ、仕事です。

## 237

**いつから？  Since when?**
**いつから？  Since when?**

A: I have a pain in my stomach.
　胃が痛いんだよ。

B: **Since when?**
　いつから？

## 238

**だれだと思う？  Guess who?**
**だれだと思う？  Guess who?**

A: I saw John with a girl. **Guess who?**
　ジョンが女の子といるのを見たよ。だれだと思う？

B: Come on, tell me!
　じらさないで教えてよ！

＊直訳は「だれだか当ててごらん」です。　　　　　　　※コラム参照

## column

Guess＋疑問詞で「〜と思う？」という意味になります。

| | |
|---|---|
| だれだと思う？ | Guess who? |
| 何だと思う？ | Guess what? |
| いつだと思う？ | Guess when? |
| なぜだと思う？ | Guess why? |
| どこだと思う？ | Guess where? |
| どうやったと思う？ | Guess how? |

## 239

次はだれ？　Who's next?
次はだれ？　Who's next?

**A:** I'm done. Who's next?
私は終わったわ。次はだれ？

**B:** John is.
ジョンよ。

## 240

何か伝言は？　Any message?
何か伝言は？　Any message?

**A:** Mary called you while you were away.
留守中にメアリーから電話がありました。

**B:** Any message?
何か伝言は？

## 241

ほかに何か？　Anything else?
ほかに何か？　Anything else?

**A:** Two hot dogs, please.
ホットドッグ2つください。

**B:** OK. Anything else?
はい。ほかには？

## 242

何て言ったの？　Excuse me?
何て言ったの？　Excuse me?

(バスが通って相手の声が聞こえなかったとき)

**A:** There is a .... near here.
この近くに……があるのよ。

**B:** Excuse me?
何て言ったの？

＊Excuse me. で終わるときには、「すみません」という意味になります。

## 243

往復ですか？　Round trip?
往復ですか？　Round trip?

(駅の窓口で切符を買っている)

**A:** One for New York, please.
ニューヨークまでひとり。

**B:** Round trip?
往復ですか？

## 244

**わかった？  You see?**
**わかった？  You see?**

(何かについて説明をしていて)

**A:** You see?
わかった？

**B:** I see.
わかった。

## 245

**元気？  What's up?**
**元気？  What's up?**

(あいさつとして)

**A:** What's up?
元気？

**B:** Not much.
まあね。

## 246

**そうなの？  You do?**
**そうなの？  You do?**

**A:** I believe in God.
神を信じるわ。

**B:** You do?
そうなの？

## 247

どう？　How's everything?
どう？　How's everything?

**A:** How's everything?
　　どう？
**B:** OK.
　　元気だよ。

＊あいさつ表現として How are you? と同じように使われます。

## 248

何かあったの？　Anything wrong?
何かあったの？　Anything wrong?

（同僚がパソコンの前で慌てているのを見て）

**A:** Anything wrong?
　　何かあったの？
**B:** I lost the data.
　　データを失ったんだよ。

CD2 1 ～ CD2 58

## 3語の表現

「ちょっと待って Just a minute.」から「そうですか Is that so?」まで

## 249 ちょっと待って Just a minute.
ちょっと待って Just a minute.

**A:** Telephone for you.
電話よ。

**B:** Just a minute.
ちょっと待って。

＊One moment, please. なども使われます。

## 250 すぐに行くよ In a minute.
すぐに行くよ In a minute.

**A:** Are you ready?
もう行ける？

**B:** In a minute.
すぐ行くよ（だからもう少しだけ待って）。

## 251 君なら当然だよ You deserve it.
君なら当然だよ You deserve it.

（デザインコンテストの結果について）

**A:** I won first prize.
１等賞を取ったよ。

**B:** You deserve it.
君ならもらって当然だよ。

## 252

**どういたしまして Not at all.**
**どういたしまして Not at all.**

A: Thank you for showing me the way.
道を教えてくれてありがとう。

B: **Not at all.**
どういたしまして。

＊You are welcome. と同じような意味で使われます。　※コラム参照

### column:「どういたしまして」のほかの表現

Not at all.
Anytime.（P.15）
My pleasure.（P.44）
You are welcome.
Don't mention it.
It's nothing.

## 253

**ぜひ、そうしたい I'd love to.**
**ぜひ、そうしたい I'd love to.**

A: Will you come to the Christmas party?
クリスマスパーティーに来てくれる？

B: **I'd love to.**
ぜひ、そうしたい。

## 254

**よかったね** Good for you.
**よかったね** Good for you.

A: I was offered a job by Magicsoft.
マジックソフト社から仕事のオファーがあったよ。

B: Good for you.
よかったね。

## 255

**思い過ごしだよ** It's your imagination.
**思い過ごしだよ** It's your imagination.

A: Are you hiding something?
何か隠していない？

B: It's your imagination.
思い過ごしだよ。

## 256

**おもしろ半分で** Just for fun.
**おもしろ半分で** Just for fun.

A: Why did you try on my lipstick?
どうして私の口紅をつけてみたの？

B: Just for fun, Mom.
おもしろ半分よ、ママ。

## 257 念のため Just in case.
念のため Just in case.

A: Just in case, tell me your number again.
念のため、電話番号をもう一度聞かせてください。

B: OK.
いいですよ。

## 258 僕も入れて Count me in.
僕も入れて Count me in.

A: We're going camping next week.
来週キャンプに行くんだ。

B: Count me in.
僕も入れて。

*「僕は下りるよ」は Count me out. です。

## 259 そうみたい So it seems.
そうみたい So it seems.

A: Something is going on between Nancy and Bob.
ナンシーとボブは何かあやしいよ。

B: So it seems.
そうみたい。

## 260

私もよ  So do I.
私もよ  So do I.

A: I really like this brand.
このブランド本当に好きなの。

B: So do I.
私もよ。

＊be 動詞のときは So am I.（次の例参照）

## 261

私もよ  So am I.
私もよ  So am I.

A: I am happy.
しあわせだなあ。

B: So am I.
私もよ。

## 262

ありがとう  Thanks a lot.
ありがとう  Thanks a lot.

A: Thanks a lot!
ありがとう！

B: Not at all.
どういたしまして。

## 263

**なぜだろう** I wonder why.
**なぜだろう** I wonder why.

A: He left without saying good-by.
　彼はさようならも言わないで行ってしまったわ。

B: **I wonder why.**
　なぜだろう。

## 264

**わけを聞かせて** Tell me why.
**わけを聞かせて** Tell me why.

A: I don't love him any more.
　もう彼のことは愛してないわ。

B: **Tell me why.**
　わけを聞かせて。

## 265

**そうだと思うけど…** I guess so.
**そうだと思うけど…** I guess so.

A: Is he coming soon?
　彼、すぐに来るかしら？

B: **I guess so.**
　そうだと思うけど……。

＊I think so.（そう思うけど）はもう少し自信があるときに使います。

## 266

まあ、そんなところです Something like that.
まあ、そんなところです Something like that.

(抽象画を見て)

A: Is that a painting of a woman?
あの絵は女性？

B: **Something like that.**
まあ、そんなところです。

## 267

それはひと安心 That's a relief.
それはひと安心 That's a relief.

A: His operation was a success.
彼の手術は成功したよ。

B: **That's a relief.**
それはひと安心。

## 268

行かなくちゃ Got to go.
行かなくちゃ Got to go.

A: It's 6 already! **Got to go.**
もう6時だ！　行かなくちゃ。

B: OK, see you.
いいよ、またね。

## 269 なんて偶然 What a coincidence.
## なんて偶然 What a coincidence.

(会社の同僚同士で出身校のことについて話している)

**A:** I went to that high school, too.
私もその高校に通っていたのよ。

**B:** **What a coincidence!**
なんて偶然！

※コラム参照

### column

**What a 〜!** でいろいろな驚きの気持ちを表すことができます。

| | |
|---|---|
| なんて偶然！ | What a coincidence! |
| なんてひどい！ | What a shame! |
| 聞いてあきれる！ | What a joke! |
| 驚いた！ | What a surprise! |
| 残念！ | What a pity! |
| がっかりだ！ | What a disappointment! |

## 270 時がたつのは早いね How time flies.
## 時がたつのは早いね How time flies.

(同窓会で)

**A:** My daughter is a senior in high school already.
娘はもう高校3年なの。

**B:** **How time flies!**
時がたつのは早いね！

## 271

大事なことから一番に **First things first.**
大事なことから一番に **First things first.**

**A:** It's important that we make the concept clear first.
まずコンセプトを明確にすることが重要だよ。

**B:** Yes. **First things first.**
そうだね。大事なことから一番に、だね。

## 272

ここだけの話 **Just between us.**
ここだけの話 **Just between us.**

**A:** **Just between us.** I am in love with Paul.
ここだけの話。私はポールに恋をしているの。

**B:** I thought so.
だと思った。

## 273

何とも言えない **Maybe, maybe not.**
何とも言えない **Maybe, maybe not.**

**A:** Do you think John will pass the entrance exam?
ジョンは入試に受かると思う?

**B:** **Maybe, maybe not.**
何とも言えないね。

## 274

**やめておくよ I'd rather not.**
**やめておくよ I'd rather not.**

A: Shall we go for a drink?
　飲みに行く？

B: I'd rather not.
　やめておくよ。

## 275

**やったよ I did it.**
**やったよ I did it.**

A: I did it! I passed the entrance examination.
　やったよ！　入試に受かった。

B: I'm happy for you.
　よかったね。

＊I made it. とも言います。

## 276

**どんなものでも You name it.**
**どんなものでも You name it.**

A: What are you going to get me for my birthday?
　誕生日に何を買ってくれる？

B: You name it.
　どんなものでも。

## 277

お見事 Way to go.
お見事 Way to go.

(バスケットの試合を見ながら)

A: Look at that! Another point.
見て！　また得点したよ。

B: Way to go.
お見事。

## 278

またね See you later.
またね See you later.

A: Goodbye.
さよなら。

B: See you later.
またね。

＊See you soon. も同じような意味で使われます。

## 279

もう少しゆっくりお願いします Slow down, please.
もう少しゆっくりお願いします Slow down, please.

(早口でしゃべる人に)

A: Slow down, please. I can't keep up.
もう少しゆっくりお願いします。話についていけません。

B: Sorry.
ごめんなさい。

## 280 やったね You did it.
やったね You did it.

A: I was accepted to Harvard Business School.
ハーバード・ビジネス・スクールに合格したよ。

B: You did it.
やったね。

## 281 あなたもね Same to you.
あなたもね Same to you.

A: Good luck.
幸運を祈るよ。

B: Same to you.
あなたもね。

## 282 連絡してね Keep in touch.
連絡してね Keep in touch.

A: Good bye. Good luck in New York.
さようなら。ニューヨークでがんばってね。

B: Thanks. Keep in touch.
ありがとう。連絡してね。

## 283

**何とかできると思います** I can manage.
**何とかできると思います** I can manage.

（荷物が重そうなのを見て）

**A:** Do you need help with that?
手伝おうか？

**B:** I can manage. Thanks anyway.
何とかできると思います。ありがとう。

＊manager（マネジャー）は、この manage からきています。

## 284

**これがよく効く** This will help.
**これがよく効く** This will help.

**A:** I have a headache.
頭痛がする。

**B:** This will help. Take it.
これがよく効くよ。飲んでごらん。

## 285

**そんな感じだね** Looks that way.
**そんな感じだね** Looks that way.

**A:** The clouds are dark. It may start to rain.
空が暗くなってきたね。雨が降り出すかもしれない。

**B:** Looks that way.
そんな感じだね。

## 286 信じ難いね Hard to believe.
信じ難いね Hard to believe.

**A:** J. F. Kennedy was actually assassinated by the government.
J.F.ケネディは、本当は政府に暗殺されたんだ。

**B:** Hard to believe.
信じ難いね。

## 287 時間どおりです Right on time.
時間どおりです Right on time.

**A:** Hi, am I late?
やあ、遅れたかな？

**B:** Nope. Right on time.
いいや。時間どおりだよ。

＊Nope. は No. のくだけた言い方です。

## 288 ちょうど間に合った Just in time.
ちょうど間に合った Just in time.

**A:** Here I am!
来たわよ！

**B:** OK. Just in time.
やあ。ちょうど間に合ったな。

## 289

**さえぎってごめんなさい** Sorry to interrupt.
**さえぎってごめんなさい** Sorry to interrupt.

(数人で雑談していて)

**A:** So I said to him....
だから私は彼に言ったのよ……。

**B:** Sorry to interrupt, but I have to be going.
話をさえぎってごめんなさい、でも、私はもう帰らないと。

## 290

**ちょっとだけね** Just a little.
**ちょっとだけね** Just a little.

**A:** Did you lose any weight?
やせたんじゃない？

**B:** Just a little.
ちょっとだけね。

## 291

**あきらめないで** Don't give up.
**あきらめないで** Don't give up.

**A:** I can't solve this puzzle.
このパズルができないんだよ。

**B:** Don't give up.
あきらめないで。

## 292 気に入っている I like it.
気に入っている I like it.

**A:** How is your new job?
新しい仕事はどう？

**B:** I like it.
気に入ってるよ。

## 293 ほっといて Leave me alone.
ほっといて Leave me alone.

（落ち込んでいる様子を見て）

**A:** What's wrong?
どうしたの？

**B:** Leave me alone.
ほっといて。

## 294 やっぱりね As I expected.
やっぱりね As I expected.

**A:** David and Kathy broke up.
デビッドとキャシーが別れたのよ。

**B:** As I expected.
やっぱりね。

## 295

**本気** I mean it.
**本気** I mean it.

**A:** This time I'll finish it. I mean it.
今度こそやりとげるわ。本気よ。

**B:** OK. Good luck.
わかったよ。がんばって。

## 296

**これ下さい** I'll take this.
**これ下さい** I'll take this.

(店で)

**A:** I'll take this.
これ下さい。

**B:** Thank you.
ありがとうございます。

## 297

**私が出ます** I'll get it.
**私が出ます** I'll get it.

**A:** Telephone!
電話!

**B:** I'll get it.
私が出ます。

＊玄関のインターフォンにも使えます。

## 298
あとで電話します I'll call later.
あとで電話します I'll call later.

A: Have you made the dinner reservations yet?
　もう夕食の予約してくれた？

B: No. I'll call later.
　まだです。あとで電話します。

＊忙しくて電話ができないときに使います。

## 299
自分でやりなさい Do it yourself.
自分でやりなさい Do it yourself.

A: Mom! Help me with my homework.
　ママ！　宿題手伝って。

B: I'm busy. Do it yourself.
　忙しいの。自分でやりなさい。

## 300
もっと詳しく教えて Tell me more.
もっと詳しく教えて Tell me more.

A: I lost 10 pounds on this low carbohydrate diet.
　この炭水化物ダイエットで10ポンドやせたのよ。

B: Wow! Tell me more!
　何それ！　もっと詳しく教えて！

3語の表現　117

## 301

**気楽に　Take it easy.**
**気楽に　Take it easy.**

（結婚式のスピーチの前に）

A: I'm really nervous.
すごく緊張してるよ。

B: **Take it easy.**
気楽にね。

## 302

**恥ずかしがらないで　Don't be shy.**
**恥ずかしがらないで　Don't be shy.**

（英会話のレッスンで）

A: **Don't be shy.** No one's perfect.
恥ずかしがらないで。だれも完ぺきじゃないんだから。

B: OK. I ....
わかりました。私は……。

## 303

**怖がらないで　Don't be afraid.**
**怖がらないで　Don't be afraid.**

A: I'm not sure if I can make a speech in public.
人前でスピーチができるかどうか自信がないわ。

B: **Don't be afraid.** You can do it.
怖がらないで。 君ならできるよ。

## 304

**ここにあるよ** Here it is.
**ここにあるよ** Here it is.

A: Have you seen my pen? I lost it.
私のペン見た？　見当たらないの。

B: Here it is.
ここにあるよ。

## 305

**ちょっとずつ** Little by little.
**ちょっとずつ** Little by little.

A: Are you making progress with your English?
英語は上達してる？

B: Little by little.
ちょっとずつ。

## 306

**まいった** You've got me.
**まいった** You've got me.

A: What's the answer to this problem?
この問題の答えはわかる？

B: You've got me.
まいった。

## 307

その調子 Keep it up.
その調子 Keep it up.

(編み物を教えてもらいながら)

A: Am I doing it right?
こんなふうにすればいいの？

B: Yes. Keep it up.
そう。その調子。

## 308

どうぞ、どうぞ Be my guest.
どうぞ、どうぞ Be my guest.

(招かれた先で)

A: Can I take a look at your books?
（本棚の）本を見せていただいてもいいですか？

B: Be my guest.
どうぞ、どうぞ。

## 309

言い訳するな No more excuses.
言い訳するな No more excuses.

A: I had wrong shoes and took the wrong bus and got lost and ....
靴はちぐはぐだし、乗るバスを間違えるし、道に迷って……

B: No more excuses.
言い訳するな。

## 310 おつりは取っておいて  Keep the change.
おつりは取っておいて  Keep the change.

(タクシーで)

A: That'll be 12 dollars.
12ドルです。

B: Ok, here is 15. Keep the change.
はい15ドル。おつりは取っておいて。

## 311 それで思い出した  That reminds me.
それで思い出した  That reminds me.

A: I got a letter from Tom.
トムから手紙をもらったよ。

B: That reminds me. I have to send him a birthday card!
それで思い出した。彼にバースデーカードを送らないと！

## 312 バカなこと言わないで  Don't be silly.
バカなこと言わないで  Don't be silly.

A: If he says no, I'll kill myself.
彼に断られたら自殺するわ。

B: Don't be silly.
バカなこと言わないで。

3語の表現

## 313

**今向かっている** On the way.
**今向かっている** On the way.

(なかなか現れない友達に携帯電話で)

A: Where are you? You're late!
どこにいるの？ 遅いじゃない！

B: On the way.
今向かってる。

## 314

**だれかと思えば** Look who's here.
**だれかと思えば** Look who's here.

(友達とばったり出会って)

A: Look who's here.
だれかと思えば。

B: Long time no see.
久しぶりだな。

## 315

**いいとも** By all means.
**いいとも** By all means.

A: Can I use your computer?
コンピューター貸してくれる？

B: By all means.
いいとも。

＊Yes. の意味でよく使われます。

## 316 それはまた別の話 That's another story.
それはまた別の話 That's another story.

（職場の人間関係で悩む友人に）

A: Have you thought of changing jobs?
転職は考えたの？

B: **That's another story.**
それはまた別の話だよ。

## 317 それは確か That's for sure.
それは確か That's for sure.

A: Anyway, we have no other choice.
いずれにしても、ほかに選択肢はないんだよ。

B: **That's for sure.**
それは確かですね。

## 318 遅かれ早かれ Sooner or later.
遅かれ早かれ Sooner or later.

A: Don't worry. She will understand your point of view.
心配しないで。彼女、きっとあなたの考えを理解してくれるよ。

B: Yeah. **Sooner or later.**
ああ。遅かれ早かれね。

### 319

**いいですよ** I don't mind.
**いいですよ** I don't mind.

A: Can I smoke?
　タバコを吸ってもいいですか？

B: I don't mind.
　いいですよ。

＊直訳は、「気にしません」です。

### 320

**好みはうるさくない** I'm not particular.
**好みはうるさくない** I'm not particular.

A: Is an Italian restaurant OK?
　イタリアンレストランでいい？

B: Yeah, I'm not particular.
　ええ、好みはうるさくないのよ。

### 321

**うらやましい** I envy you.
**うらやましい** I envy you.

A: I'm getting married in June.
　6月に結婚するんだ。

B: I envy you.
　うらやましい。

## 322

それ以上だよ  More than that.
それ以上だよ  More than that.

A: Am I just a friend to you?
私はあなたにとってただの友達？

B: More than that.
それ以上だよ。

## 323

だいじょうぶ  You'll be fine.
だいじょうぶ  You'll be fine.

A: I'm not sure if I can survive in America.
アメリカでちゃんとやっていけるかどうか自信がないよ。

B: You'll be fine.
だいじょうぶ。

## 324

まかせてください  Consider it done.
まかせてください  Consider it done.

A: This needs to be finished by tomorrow.
この仕事を明日までに終わらせないといけないんだよ。

B: Consider it done.
まかせてください。

＊直訳は「もう終わったと思ってください」です。

## 325

**やってみたら Take a chance.**
**やってみたら Take a chance.**

A: Should I accept the offer?
このオファーを受けるべきだと思う？

B: Take a chance.
やってみたら。

＊「思い切ってやってみたら」という意味です。

## 326

**行くぞ Here we go.**
**行くぞ Here we go.**

(車で旅行に出かける前に)

A: Everything's ready.
準備 OK。

B: Here we go!
行くぞ！

## 327

**はい、どうぞ Here you are.**
**はい、どうぞ Here you are.**

A: Will you bring me the newspaper?
新聞を持ってきてくれる？

B: Here you are.
はい、どうぞ。

＊Here you go. も同じような意味です。

## 328 なるほど That makes sense.
なるほど That makes sense.

**A:** We should check the total price before choosing our travel package.
旅行プランを選ぶ前に総費用をチェックしないと。

**B:** That makes sense.
なるほど。

＊直訳は「それは意味をなす」です。

## 329 仲直りをしよう Let's make up.
仲直りをしよう Let's make up.

**A:** I'm sorry.
ごめん。

**B:** OK. Let's make up.
わかった。仲直りしよう。

## 330 時間の無駄だ Waste of time.
時間の無駄だ Waste of time.

**A:** I hate Karaoke. Waste of time.
カラオケはきらいだ。時間の無駄だ。

**B:** I don't think so.
私はそうは思わない。

## 331

**手ぶらで来て** Just bring yourself.
**手ぶらで来て** Just bring yourself.

A: Shall I bring wine or something?
ワインか何かを持っていこうか？

B: No. Just bring yourself.
いいえ。手ぶらで来て。

## 332

**片付けて** Put it away.
**片付けて** Put it away.

(家の掃除を手伝っている夫が)

A: What shall I do with this?
これはどうする？

B: Put it away.
片付けて。

## 333

**感動的でした** It was moving.
**感動的でした** It was moving.

A: How was the documentary film?
そのドキュメンタリー映画はどうだった？

B: It was moving.
感動的でした。

## 334

**前よりいい** I feel better.
**前よりいい** I feel better.

**A:** How do you feel?
気分はどう？

**B:** I feel better.
前よりよくなったよ。

## 335

**それでいい** It's a deal.
**それでいい** It's a deal.

**A:** Let's go Dutch.
割り勘にしようよ。

**B:** It's a deal.
それでいいよ。

## 336

**気分が悪い** I feel sick.
**気分が悪い** I feel sick.

**A:** You look pale. Are you OK?
顔色が悪いね。だいじょうぶ？

**B:** I feel sick.
気分が悪いんだ。

## 337

見せて Let me see.
見せて Let me see.

A: I bought a new dress.
新しいドレスを買ったの。

B: Let me see.
見せてよ。

*Let me see. には、「ええっと……」という意味もあります。

## 338

それほどでもない Not that much.
それほどでもない Not that much.

A: I heard your new boss is very demanding.
今度のボスは厳しいって聞いたわ。

B: Not that much.
それほどでもないよ。

## 339

ごゆっくり Take your time.
ごゆっくり Take your time.

A: Can you wait? I'll be ready soon.
待ってくださる？ すぐに準備できるわ。

B: Take your time.
ごゆっくり。

## 340

**ドキドキしてきた I'm getting nervous.**
**ドキドキしてきた I'm getting nervous.**

A: The piano contest is tomorrow.
ピアノコンテストは明日だね。

B: I'm getting nervous.
ドキドキしてきたわ。

## 341

**疲れてきた I'm getting tired.**
**疲れてきた I'm getting tired.**

A: I'm getting tired.
疲れてきたよ。

B: Hang on. We're almost there.
がんばれ。もうすぐ着くよ。

## 342

**おなかが空いてきた I'm getting hungry.**
**おなかが空いてきた I'm getting hungry.**

A: I'm getting hungry.
おなかが空いてきた。

B: It's almost noon. Let's have lunch.
もうすぐ昼だ。お昼ご飯にしようよ。

## 343

**もうない No more left.**
**もうない No more left.**

A: Can I have more salad?
サラダをもう少しもらえる？

B: **No more left,** sorry.
もうないのよ、ごめんなさい。

## 344

**イラつくなあ I'm so frustrated.**
**イラつくなあ I'm so frustrated.**

A: Are you still working on that crossword?
まだそのクロスワードやってるの？

B: I just can't finish it. **I'm so frustrated.**
どうしても仕上げられないんだ。イラつくなあ。

## 345

**読む価値がある It's worth reading.**
**読む価値がある It's worth reading.**

（大学の課題でシェークスピアを読んでいて）

A: The English kills me.
この英語、うんざりだよ。

B: Try harder. **It's worth reading.**
もっとがんばれよ。読む価値があるよ。

＊worth〜ing で「する価値がある」です。

## 346

**絶対にはずせない It's a must.**
**絶対にはずせない It's a must.**

(旅行の計画を立てながら)

A: Should I visit the Metropolitan Museum in New York?
ニューヨークのメトロポリタン美術館は行くべきかな？

B: Definitely. It's a must.
当然だよ。絶対にはずせないよ。

＊a must は「絶対に〜すべきこと」という意味で広く使われます。

## 347

**予定より遅れている We're behind schedule.**
**予定より遅れている We're behind schedule.**

A: How's your project going?
仕事は進んでる？

B: We're behind schedule.
予定より遅れています。

## 348

**私のせいです It's my fault.**
**私のせいです It's my fault.**

A: Why was the product sent to the wrong place?
なんでまたその製品が間違った場所に送られたんだろう？

B: Sorry. It's my fault.
すみません。私のせいです。

### 349

**ずるい** That's not fair.
**ずるい** That's not fair.

(歌手のコンサートで)

A: Look at this. I got his signature!
見て。彼にサインもらったのよ！

B: That's not fair.
ずるい。

### 350

**急ぎません** There's no hurry.
**急ぎません** There's no hurry.

A: Can you proofread this for me? There's no hurry.
これを校正してくれる？　急がないから。

B: OK. Leave it on my desk.
いいですよ。机の上に置いておいてください。

### 351

**待ち切れない** I can't wait.
**待ち切れない** I can't wait.

A: We'll be in Hawaii in a week!
1週間後にはハワイよ！

B: I can't wait.
待ち切れない。

## 352 絶好調さ Couldn't be better.
絶好調さ Couldn't be better.

A: How's everything?
調子はどう？

B: **Couldn't be better!**
絶好調さ！

## 353 どちらでも Either will do.
どちらでも Either will do.

A: Which do we do first, shopping or lunch?
買い物とランチ、どちらを先にする？

B: Either will do.
どちらでも。

## 354 もうたくさん Enough is enough.
もうたくさん Enough is enough.

A: **Enough is enough.** I can't do this any more today!
もうたくさん。今日はこれ以上できないわ！

B: OK. Let's start fresh tomorrow.
わかったよ。明日また新しい気持ちでやろう。

＊I've had it. も同じ意味です。

## 355

**さあ着いた　Here we are.**
**さあ着いた　Here we are.**

**A:** Here we are.
さあ着いたよ。

**B:** What a view!
なんてすてきな景色！

## 356

**残念ながらそうです　I'm afraid so.**
**残念ながらそうです　I'm afraid so.**

（有名なラーメン屋さんの店員に）

**A:** Do I have to wait in that long line?
あの長い行列に並ばないといけないの？

**B:** I'm afraid so.
残念ながらそうです。

## 357

**すぐに　In no time.**
**すぐに　In no time.**

（修理などを頼んで）

**A:** How long until we get those?
どれくらい（時間が）かかります？

**B:** In no time.
すぐですよ。

## 358

**かまわない** It doesn't matter.
**かまわない** It doesn't matter.

A: Can I change our schedule?
予定を変えてもいい？

B: Oh, yes. It doesn't matter.
いいよ。かまわないよ。

＊直訳は「それは問題ではありません」です。

## 359

**それで結構です** That'll be fine.
**それで結構です** That'll be fine.

A: So how about meeting again next Friday?
では来週の金曜にもう一度お会いするということでいかがですか？

B: That'll be fine.
それで結構です。

## 360

**タイプだわ** He's my type.
**タイプだわ** He's my type.

A: Look at that cute guy!
見てよ、あのかっこいい人！

B: He's my type!
タイプだわ！

## 361

**暗くなってきた** It's getting dark.
**暗くなってきた** It's getting dark.

**A:** It's getting dark.
暗くなってきた。

**B:** Let's go home.
家に帰ろう。

## 362

**最高** Two thumbs up.
**最高** Two thumbs up.

**A:** How was the movie?
映画どうだった？

**B:** Great! Two thumbs up!
すごかった！　最高！

＊両手の親指を立てる様子からきた表現です。

## 363

**遅すぎるということはない** Never too late.
**遅すぎるということはない** Never too late.

**A:** I should have learned Italian while I was young.
若いころにイタリア語を習っておくんだったわ。

**B:** Never too late.
遅すぎるってことはないわよ。

## 364 そんなのうまくいかない It doesn't work.
そんなのうまくいかない It doesn't work.

(友人に相談事をしています)

**A:** Don't you try to tell him the truth?
彼に本当のこと話してみたら？

**B:** It doesn't work.
そんなのうまくいかないわ。

＊work には「うまくいく」という意味があります。

## 365 勘だよ A gut feeling.
勘だよ A gut feeling.

**A:** I think Shelly likes you.
シェリーは君を好きだと思うな。

**B:** How do you know?
なんで？

**A:** A gut feeling.
勘だよ。

## 366 さあね I don't know.
さあね I don't know.

**A:** Do you think he will succeed?
彼は成功すると思う？

**B:** I don't know.
さあね。

### 367
**気にしない I don't care.**
**気にしない I don't care.**

A: He has many girlfriends.
彼はたくさんガールフレンドがいるのよ。

B: **I don't care.** He's so cool.
気にしないわ。彼、かっこいいもの。

### 368
**どつぼだ It's a disaster.**
**どつぼだ It's a disaster.**

A: How's your project going?
プロジェクトはどう？

B: **It's a disaster.**
どつぼだよ。

＊disaster には「大惨事」という意味があります。

### 369
**いいえ I'm afraid not.**
**いいえ I'm afraid not.**

A: Did he pass the exam?
彼は合格したの？

B: **I'm afraid not.**
いいえ。

＊遠まわしに No. というときに使います。

## 370 もちろん Of course not.
もちろん Of course not.

A: Do you mind if I join you?
仲間に入れてもらっていい？

B: Of course not.
もちろんだよ。

＊Do you mind〜？ は「〜を気にしますか？」という意味なので、気にしない場合には、否定の形で答えます。

## 371 毎日毎日 Every single day.
毎日毎日 Every single day.

A: So, does your ex-boyfriend still call you?
で、前の彼、まだ電話してくる？

B: Oh yes... every single day!
ええ……毎日毎日！

## 372 すみません、遅れました Sorry, I'm late.
すみません、遅れました Sorry, I'm late.

A: Sorry, I'm late.
すみません、遅れました。

B: That's OK. Please have a seat.
だいじょうぶですよ。どうぞおかけください。

## 373

**うまくいくさ It'll work out.**
**うまくいくさ It'll work out.**

（新しい仕事を見つけた友達が）

A: I wonder if we make it through this economic recession.
この不況を乗り切れるかなあ。

B: Don't worry. It'll work out.
心配するなよ。うまくいくさ。

## 374

**時がたてばわかる Time will tell.**
**時がたてばわかる Time will tell.**

A: Did we do the right thing?
これでよかったのかしら？

B: Time will tell.
時がたてばわかるさ。

## 375

**時間がかかる It takes time.**
**時間がかかる It takes time.**

A: After my first English lesson, I feel lost.
英語のレッスンが始まったけど、ぜんぜんわかんない。

B: It takes time.
時間がかかるものさ。

## 376 時は金なり Time is money.
時は金なり Time is money.

**A:** Let's take a brake.
休憩しようよ。

**B:** No breaks, time is money.
休憩なんてだめだよ、時は金なりだよ。

## 377 そういうことなんだ That explains it.
そういうことなんだ That explains it.

**A:** I wonder how he can afford such a luxury car.
彼はなんであんな派手な車が持てるんだろう。

**B:** His father owns two companies.
父親が会社を2つも持ってるんだよ。

**A:** That explains it.
そういうことなんだ。

## 378 がんばり通せ Tough it out.
がんばり通せ Tough it out.

（仕事の面接の前に）

**A:** I hate job interviews. They're so humiliating.
面接はきらいだよ。屈辱的だから。

**B:** Tough it out. You need the work.
がんばり通せよ。仕事は必要だろ。

3 語の表現

### 379

また今度ね  Some other time.
また今度ね  Some other time.

**A:** Shall we go to the movie tonight?
今夜映画に行かない？

**B:** Sorry, I have another appointment.  Some other time.
ごめんなさい、先約があるの。また今度ね。

### 380

いつでもかかってこい  Bring it on.
いつでもかかってこい  Bring it on.

**A:** Next time I'll win.
次は絶対勝つからな。

**B:** Bring it on.
いつでもかかってこい。

### 381

十分いただきました  I've had enough.
十分いただきました  I've had enough.

**A:** How about another cup of coffee?
コーヒーをもう一杯いかが？

**B:** No thank you.  I've had enough.
ありがとう。十分いただきました。

## 382

**がんばって** Hang in there.
**がんばって** Hang in there.

（市民マラソン大会で一緒に走りながら）

A: I don't think I can run any more!
　もう走れそうにないわ！

B: Hang in there! Only two hundred more meters!
　がんばって！　ゴールまであとたった200メートルよ！

＊「最後までがんばり通して」という意味です。

## 383

**また電話します** I'll call again.
**また電話します** I'll call again.

A: May I speak to Mr. Hall?
　ホールさんをお願いできますか？

B: I'm sorry, he's out.
　申し訳ありませんが外出中です。

A: I'll call again.
　また電話します。

## 384

**そうだと思った** I thought so.
**そうだと思った** I thought so.

A: He forgot our appointment again.
　彼、また約束を忘れたのよ。

B: I thought so. He is so forgetful.
　そうだと思った。彼は忘れんぼうだから。

## 385

**それはすごい** It's really something.
**それはすごい** It's really something.

A: NASA landed two robots on Mars.
NASAが火星に2基のロボットを着陸させたよ。

B: Yeah, it's really something.
知ってる、すごいよね。

## 386

**たいていはそう** In general, yes.
**たいていはそう** In general, yes.

A: I think women are better at learning English than men are.
女性のほうが男性より英語の学習能力に長けてるね。

B: In general, yes.
たいていね。

## 387

**幸運を祈ってて** Wish me luck.
**幸運を祈ってて** Wish me luck.

A: I heard you applied for a new job.
次の仕事先に応募したんだってね。

B: Yes. Wish me luck.
ええ。幸運を祈ってて。

## 388

元気よ Pretty good, thanks.
元気よ Pretty good, thanks.

A: How are you?
元気？

B: Pretty good, thanks.
元気よ。

## 389

テーブルを片付けて Clear the table.
テーブルを片付けて Clear the table.

A: Let's play cards.
トランプをしようよ。

B: First, clear the table.
まずテーブルを片付けて。

## 390

何かが足りない There's something missing.
何かが足りない There's something missing.

A: How do you like the stew?
シチューの味はどうかしら？

B: Mm....There's something missing.
そうねえ……。何かが足りない気がするわ。

## 391

**やりすぎ** That's too much.
**やりすぎ** That's too much.

(ハロウィーンでド派手な格好をしている女性を見て)

**A:** Look at that woman.
あの女の人を見て。

**B:** That's too much.
やりすぎだよ。

## 392

**当然だよ** With good reason.
**当然だよ** With good reason.

**A:** John was fired.
ジョンがクビになったよ。

**B:** With good reason. He was too lazy.
当然だよ。怠け者だもの。

## 393

**これでチャラだ** Now we're even.
**これでチャラだ** Now we're even.

**A:** Let me buy you a drink this time.
今回は一杯おごらせてくれよ。

**B:** OK. Now we're even.
いいよ。これでチャラだ。

＊直訳は「これで同等の立場になった」です。

## 394

**行こうか？ Shall we go?**
**行こうか？ Shall we go?**

A: **Shall we go?**
　行こうか？

B: Yes, let's.
　そうね。

## 395

**君は？　How about you?**
**君は？　How about you?**

A: I like baseball. **How about you?**
　僕は野球が好きなんだ。君は？

B: Me, too.
　僕もだよ。

※コラム参照

---

**column**

**How about 〜 ? は「〜はどうですか？」という意味で広く使われるとても便利な表現です。**

| | |
|---|---|
| 君はどうですか？ | How about you? |
| 一杯どうですか？ | How about a drink? (P189) |
| コーヒーはどうですか？ | How about some coffee? |
| 来週の水曜日はどうですか？ | How about next Wednesday? |
| インド料理はどうですか？ | How about Indian food? |
| 散歩はどうですか？ | How about taking a walk? |
| 釣りはどうですか？ | How about going fishing? |

## 396

どうしたの？　What's the matter?
どうしたの？　What's the matter?

(困った顔をしている友人に)

A: **What's the matter?**
どうしたの？

B: I lost my wallet.
財布をなくしたんだ。

## 397

調子はどう？　How's it going?
調子はどう？　How's it going?

A: I've been running a grocery store.
食料品店をやってるよ。

B: **How's it going?**
調子はどう？

＊この表現はあいさつにも使えます。

## 398

どのくらい前？　How long ago?
どのくらい前？　How long ago?

A: I've been to London once.
ロンドンには一度行ったことがあるわ。

B: **How long ago?**
どのくらい前？

## 399

**やめてもらえませんか？　Would you mind?**
**やめてもらえませんか？　Would you mind?**

（タバコを吸っている人に）

A: **Would you mind?**
　 すみませんが、やめてもらえませんか？

B: Oh, sorry, I'll put it out.
　 ああ、すみません、消します。

＊Would you mind not smoking? の略です。

## 400

**ほかに何かある？　Any other ideas?**
**ほかに何かある？　Any other ideas?**

（週末にすることのアイディアをいろいろ出して）

A: **Any other ideas?**
　 ほかに何かある？

B: No, not right now.
　 いや、今特には。

## 401

**あとどのくらい？　How much farther?**
**あとどのくらい？　How much farther?**

A: We've already run 200 km. **How much farther?**
　 もう200キロ走ったよ。あとどのくらい？

B: Well, about 50 km more.
　 あと50キロくらいだよ。

＊直訳では「あとどのくらい遠い？」です。

## 402

だいじょうぶ？　Are you OK?
だいじょうぶ？　Are you OK?

(疲れた顔の友人を見て)

A: **Are you OK?**
　だいじょうぶ？

B: Yes, thanks. I just haven't had enough sleep lately.
　だいじょうぶ、ありがとう。このところ睡眠不足なんだ。

## 403

タバコを吸ってもいいですか？　May I smoke?
タバコを吸ってもいいですか？　May I smoke?

A: **May I smoke?**
　タバコを吸ってもいいですか？

B: I'd rather you didn't.
　できたらご遠慮願えますか。

＊「いいですよ」の場合は、Sure. や OK. を使います。

## 404

どっちがいいかな？　Which is better?
どっちがいいかな？　Which is better?

(お店で服を選びながら)

A: **Which is better?**
　どっちがいいかな？

B: Well, I think this one.
　そうね、こっちのほうがいいと思うわ。

## 405

晩ご飯は何？　What's for dinner?
晩ご飯は何？　What's for dinner?

A: What's for dinner?
　　晩ご飯は何？
B: Stew.
　　シチューよ。

## 406

それ本当？　Are you sure?
それ本当？　Are you sure?

A: There was a big earthquake in the North.
　　北部で大きい地震があったよ。
B: Are you sure?
　　それ本当？

＊直訳は「それについてあなたは確信がありますか？」です。

## 407

ちょっとしたものだろう？　Isn't that something?
ちょっとしたものだろう？　Isn't that something?

A: My son mastered touch typing in a few days. Isn't that something?
　　息子は2、3日でブラインドタッチをマスターしたんだ。ちょっとしたものだろう？
B: Yes. Excellent job.
　　そうだね。すごいよ。

＊自分自身については使いません。

### 408
どこまで話してたっけ？　Where were we?
どこまで話してたっけ？　Where were we?

(電話で中座したあと)

**A:** Sorry. Where were we?
　　(待たせて) ごめんね。どこまで話してたっけ？

**B:** We were talking about health insurance.
　　健康保険について話してたのよ。

### 409
からかっているの？　Are you kidding?
からかっているの？　Are you kidding?

(唐突にガールフレンドに)

**A:** My mother is coming to dinner.
　　夕食に母が来るんだよ。

**B:** Are you kidding?
　　からかっているの？

### 410
どうかしたの？　What's going on?
どうかしたの？　What's going on?

(学生同士で)

**A:** You look busy. What's going on?
　　忙しそうだね。どうかしたの？

**B:** My report is due tomorrow.
　　明日がレポートの締め切りなんだ。

　　＊直訳は「何が起こっているの？」です。

## 411
どっちがどっち？　Which is which?
どっちがどっち？　Which is which?

A: Those twins are Mako and Sae.
あの双子がマコとサエだよ。

B: Which is which?
どっちがどっち？

## 412
だれが出てるの？　Who's in it?
だれが出てるの？　Who's in it?

A: Star Wars IV is a great movie.
「スターウォーズ IV」ってすごいよね。

B: Who's in it?
だれが出てるの？

## 413
どちら様ですか？　Who's speaking, please?
どちら様ですか？　Who's speaking, please?

（電話がかかってきて）

A: Who's speaking, please?
どちら様ですか？

B: This is Amber.
アンバーです。

## 414 あのさあ  You know what?
あのさあ  You know what?

A: You know what? I think I'll apply for the astronaut job.
あのさあ、僕、宇宙飛行士に応募してみようと思うんだけど。

B: What?
何だって？

＊相手に話しかけるときの表現です。

## 415 ねえねえ  You know something?
ねえねえ  You know something?

A: You know something?
ねえねえ。

B: What?
何？

＊You know what? と同様、相手に話しかけるときの表現です。

## 416 ちゃんと確認した？  Have you double-checked?
ちゃんと確認した？  Have you double-checked?

A: I think I got the cheapest ticket.
一番安いチケットをゲットしたと思うよ。

B: Have you double-checked?
ちゃんと確認したの？

＊直訳は「2回チェックした？」です。

## 417 そうですか Is that so?
そうですか Is that so?

**A:** She quit her job, because of sexual harassment.
彼女、セクハラが原因で仕事を辞めたんです。

**B:** Is that so?
そうですか。

CD2 59 ~ CD2 95

Say hello to her.

## 4語の表現

「彼女によろしく
Say hello to her.」から
「今晩ひま?
Are you free tonight?」
まで

Are you free tonight?

## 418 彼女によろしく Say hello to her.
彼女によろしく Say hello to her.

A: I'm going to see Mrs. Love tomorrow.
明日ラブさんに会うんだ。

B: Say hello to her from me.
彼女によろしく。

## 419 話が逆 The other way around.
話が逆 The other way around.

（人事異動のあとで）

A: So, she got promoted.
じゃあ、彼女は昇進したんだね。

B: No, the other way around.
いや、話が逆だよ。

## 420 とんでもない Out of the question.
とんでもない Out of the question.

（子どもが親に）

A: Can I try some beer?
ビールを飲んでみてもいい？

B: No. Out of the question.
いいえ。とんでもない。

## 421 うわさをすれば影 Speak of the devil.
うわさをすれば影 Speak of the devil.

**A:** I never expected him to be such a jerk.
彼があんなひどい人だとは思わなかったわ。

**B:** Speak of the devil. Here he comes.
うわさをすれば影。彼が来たわ。

## 422 同じものにして The same for me.
同じものにして The same for me.

**A:** I'll have today's soup and salad.
私は「今日のスープとサラダ」をいただくわ。

**B:** The same for me.
私も同じものにして。

## 423 わざとじゃないよ I didn't mean to.
わざとじゃないよ I didn't mean to.

**A:** Ouch! You hit me.
痛い！ ぶつかったわよ。

**B:** Sorry, I didn't mean to.
ごめん、わざとじゃないよ。

## 424

**仕方ない** It can't be helped.
**仕方ない** It can't be helped.

(断水のとき彼女の家で)

**A:** I wish I could cook for you.
お料理をしてあげたかったのに。

**B:** It can't be helped. Let's eat out.
仕方ないよ。外で食べよう。

## 425

**やめたほうがいいよ** You had better not.
**やめたほうがいいよ** You had better not.

(動物園で)

**A:** I'll give this cookie to the monkeys.
猿にこのお菓子をやろう。

**B:** You had better not.
やめたほうがいいよ。

## 426

**久しぶり** Long time no see.
**久しぶり** Long time no see.

**A:** Long time no see.
久しぶり。

**B:** Yeah! How have you been?
本当に！ お元気でしたか？

## 427

早いに越したことはない **The sooner, the better.**
早いに越したことはない **The sooner, the better.**

**A:** When do you want me to finish this work?
いつこの仕事を仕上げればいいですか？

**B:** **The sooner, the better.**
早いに越したことはありません。

## 428

はじめまして **Nice to meet you.**
はじめまして **Nice to meet you.**

**A:** **Nice to meet you.**
はじめまして。

**B:** Nice to meet you, too.
こちらこそ。

※コラム参照

### column

**初対面のあいさつには次のような表現があります。**

※2回目以降は meet ではなく see を使います。

Nice to meet you.
Good to meet you.
Glad to meet you.
My pleasure to meet you.
Happy to meet you.
Honored to meet you. (敬語表現)

## 429

そうしたいところですが…… I wish I could.
そうしたいところですが…… I wish I could.

A: Can you join us for a drink?
一杯付き合える？

B: I wish I could.
そうしたいところですが…（無理です）。

*I wish I could do it. の略で、「そうできればいいのですができません」という仮定法過去の文です。

## 430

聞いたことがない Never heard of them.
聞いたことがない Never heard of them.

A: Do you know the band called the Pixies?
ピクシーズというバンドを知ってる？

B: Never heard of them.
聞いたことがない。

*単数なら Never heard of it. となります。

## 431

コーヒーをたのむよ？ Make some coffee, please.
コーヒーをたのむよ？ Make some coffee, please.

A: Do you want to take a break?
ちょっと休憩する？

B: Yes. Make some coffee, please.
ああ。コーヒーをたのむよ。

## 432 ある意味で In a certain way.
ある意味で In a certain way.

(とても押しが強い同僚について)

**A:** He is a good sales person.
彼はいいセールスマンだね。

**B:** In a certain way.
ある意味ではね。

＊ほかに In a sense. もある。

## 433 そうは思わない I don't think so.
そうは思わない I don't think so.

**A:** Does this hat go well with this dress?
この帽子はこの服に合う？

**B:** I don't think so.
そうは思わない。

## 434 自業自得だ You asked for it.
自業自得だ You asked for it.

**A:** I was always late, so they fired me.
いつも遅刻していて解雇されたよ。

**B:** You asked for it.
自業自得だ。

### 435

**話し中です** The line is busy.
**話し中です** The line is busy.

A: Can you call Mr. Kent for me?
僕の代わりにケントさんに電話をしてくれる？

B: Certainly. ... **The line is busy.**
わかりました。……お話し中のようです。

### 436

**やるなら今だ** It's now or never.
**やるなら今だ** It's now or never.

A: I'm thinking of quitting my job and going back to college.
仕事を辞めて大学へ戻ろうかと考えているんだ。

B: **It's now or never.**
やるなら今だ。

### 437

**深呼吸して** Take a deep breath.
**深呼吸して** Take a deep breath.

A: I am so nervous.
すごく緊張するわ。

B: Don't worry. **Take a deep breath.**
だいじょうぶ。深呼吸して。

## 438

**笑わせないで Don't make me laugh.**
**笑わせないで Don't make me laugh.**

A: He said he'd pay for everyone.
　彼がみんなにおごるって。

B: **Don't make me laugh.** He'd too cheap.
　笑わせるなよ。あのケチだぜ。

## 439

**間違えないで Don't make a mistake.**
**間違えないで Don't make a mistake.**

(プレゼンテーションの場で)

A: So we're moving into the final stage.
　いよいよ最終段階ね。

B: Yes. **Don't make a mistake.**
　そうよ。間違えないでね。

## 440

**理解できない I don't get it.**
**理解できない I don't get it.**

(同僚と部門のリストラについて)

A: ...so that's why they decided to close our section.
　……というわけでわれわれの部門を閉じることにしたようだよ。

B: **I don't get it.**
　理解できないよ。

＊I don't understand. と同じ意味でよく使われます。

## 441 腰が痛い I have a backache.
腰が痛い I have a backache.

**A:** What's wrong?
どうしたの？

**B:** I have a backache.
腰が痛いんだ。

※コラム参照

### column 「痛い」の表現にもいろいろあります。

| 腰が痛い。 | I have a backache. |
| 歯が痛い。 | I have a toothache. |
| 頭が痛い。 | I have a headache. |
| お腹が痛い。 | I have a stomachache. |

※-acheを使わないケース
| 腰が痛い。 | I have a pain in my hip. |
| 耳が痛い。 | I have a pain in my ear. |

## 442 ケチケチするなよ Don't be so cheap.
ケチケチするなよ Don't be so cheap.

（お店で安いワインを見つけて）

**A:** Wow, let's get this ¥500 bottle.
わあ、この500円のボトルを買おうよ。

**B:** Don't be so cheap.
ケチケチするなよ。

## 443

**電話です** You have a call.
**電話です** You have a call.

A: **You have a call,** Mr. Olson.
オルソンさん、お電話です。

B: Thanks, I'll take it.
ありがとう、今出ます。

## 444

**勝負はこれから** It's not over yet.
**勝負はこれから** It's not over yet.

（野球の試合を見ながら）

A: It's the bottom of the 9th innings and it's 9 to nothing.
9回の裏で9対0だ。

B: **It's not over yet.**
勝負はこれからさ。

＊ほかにもビジネスの交渉事などさまざまなケースに使われます。

## 445

**すぐにわかりますよ** You can't miss it.
**すぐにわかりますよ** You can't miss it.

A: Where is the post office?
郵便局はどこですか？

B: It's on the next corner. **You can't miss it.**
次の角です。すぐにわかりますよ。

## 446

**もしよろしければ If you don't mind.**
**もしよろしければ If you don't mind.**

A: Shall I finish this job for you?
この仕事を仕上げておきましょうか？

B: **If you don't mind.**
もしよろしければ（お願いします）。

## 447

**私は朝型人間です I'm a morning person.**
**私は朝型人間です I'm a morning person.**

A: Wow, you get up at 4:30?
わあ、4時半に起きるんですって？

B: **I'm a morning person.**
私は朝型人間です。

＊an early bird とも言います。

## 448

**私は夜型人間です I'm a night person.**
**私は夜型人間です I'm a night person.**

（企画の打ち合わせについて）

A: How about 9:00 am?
朝の9時はいかがですか？

B: It's too early. **I'm a night person.**
早すぎるよ。私は夜型人間です。

＊a night owl とも言います。

## 449 誤解しないで Don't get me wrong.
誤解しないで Don't get me wrong.

A: What do you think about this dress on me?
このドレス、私にどう？

B: Don't get me wrong, but it's just too small.
誤解しないでね、ちょっと小さいみたいよ。

## 450 料理が上手ですね You're quite a cook.
料理が上手ですね You're quite a cook.

A: You're quite a cook.
料理が上手ですね。

B: Thank you. I'm glad you like it.
ありがとう。気に入ってもらえてうれしいわ。

## 451 間違っていなければ If I'm not mistaken.
間違っていなければ If I'm not mistaken.

A: Did you say Macrosoft is buying MEC?
マクロソフトがMECを買収しようとしてるって？

B: If I'm not mistaken.
間違っていなければ。

### 452
できるだけ早く As soon as possible.
できるだけ早く As soon as possible.

(急ぎの仕事について)

A: When do you want this done?
これはいつまでに済ませてほしいですか？

B: As soon as possible.
できるだけ早く。

### 453
明日は明日の風が吹く Tomorrow is another day.
明日は明日の風が吹く Tomorrow is another day.

A: This whole day was a waste.
今日は無駄な1日だったな。

B: Tomorrow is another day.
明日は明日の風が吹くわよ。

＊直訳は「明日は別の日」です。映画「風と共に去りぬ」の中の有名なセリフです。

### 454
休憩しましょう Let's take a break.
休憩しましょう Let's take a break.

A: We've been walking for 2 hours now.
もう2時間も歩いたわ。

B: Let's take a break.
休憩しましょう。

## 455

慣れています　I'm used to it.
慣れています　I'm used to it.

A: That's hard work, but you do it well.
大変な仕事なのによくやってるね。

B: **I'm used to it.**
慣れています。

\*I got used to it. でもいい。

## 456

気楽にしてね　Make yourself at home.
気楽にしてね　Make yourself at home.

(家に友人を迎えて)

A: Welcome to my place. **Make yourself at home.**
ようこそいらっしゃい。気楽にしてね。

B: Thanks.
ありがとう。

## 457

ここの者ではありません　I'm not from here.
ここの者ではありません　I'm not from here.

A: Could you tell me the way to the station?
駅まではどう行ったらいいですか？

B: Sorry, **I'm not from here.**
ごめんなさい。ここの者ではないんです。

4 語の表現

### 458

**そのとおり** That's what I mean.
**そのとおり** That's what I mean.

A: Are you trying to tell me it's my fault?
僕のせいだと言いたいわけ？

B: Yes. **That's what I mean.**
そうよ。そのとおりよ。

### 459

**話題を変えよう** Let's change the subject.
**話題を変えよう** Let's change the subject.

A: No more talking about ghosts.
幽霊の話はもうやめて。

B: Sorry. **Let's change the subject.**
ごめん。話題を変えよう。

### 460

**それじゃまたね** Have a nice day.
**それじゃまたね** Have a nice day.

A: See you soon.
また会いましょう。

B: OK. **Have a nice day.**
そうね。それじゃまたね。

＊直訳は「すてきな1日を持ってください」ですが、日中の別れ際のあいさつとして使われます。

## 461 そうだった、ありがとう Thanks for reminding me.
そうだった、ありがとう Thanks for reminding me.

A: You have to call John to check his schedule.
ジョンにスケジュールの確認の電話をしないと。

B: Thanks for reminding me.
そうだった、ありがとう。

※コラム参照

### column

**Thanks for ～を使った表現もたくさんあります。**

| | |
|---|---|
| 思い出させてくれてありがとう。 | Thanks for reminding me. |
| 招待してくださってありがとう。 | Thanks for inviting me. |
| 励ましてくれてありがとう。 | Thanks for encouraging me. |
| 協力してくれてありがとう。 | Thanks for the cooperation. |
| ほめてくれてありがとう。 | Thanks for the compliment. |

(P186)

## 462 秘密にしておいて Keep it a secret.
秘密にしておいて Keep it a secret.

A: You have borrowed money from a loan shark!?
サラ金からお金を借りたって!?

B: Keep it a secret.
秘密にしておいてね。

## 463

**だから言ったでしょ** See, I told you.
**だから言ったでしょ** See, I told you.

(いつも車でスピードばかり出しているボーイフレンドが)

**A:** I got pulled over for speeding today.
今日スピード違反でつかまったよ。

**B:** See, I told you.
だから言ったでしょ。

## 464

**考えてみます** I'll think about it.
**考えてみます** I'll think about it.

(子どもが母親に)

**A:** Can I get a bigger allowance?
おこづかいを値上げしてくれる？

**B:** I'll think about it.
考えておくわ。

## 465

**すぐ戻ります** I'll be right back.
**すぐ戻ります** I'll be right back.

**A:** Wait here. I'll be right back.
ここで待ってて。すぐ戻ります。

**B:** OK. Take your time.
いいですよ。どうぞごゆっくり。

## 466

**君の味方だよ** I'm on your side.
**君の味方だよ** I'm on your side.

A: Everyone is against my plan.
みんな私の計画に反対なのよ。

B: Don't worry, I'm on your side.
心配するな、僕は君の味方だよ。

## 467

**まかせて** Leave it to me.
**まかせて** Leave it to me.

A: Someone's got to organize this.
だれかがこのまとめ役をしないといけない。

B: Leave it to me.
まかせて。

## 468

**土壇場で** At the last minute.
**土壇場で** At the last minute.

A: We are lucky to have gotten those tickets.
チケットが取れてよかったね。

B: Yeah, and at the last minute.
ええ、それも土壇場でね。

＊At the eleventh hour. も同じです。

## 469

**話したいことがある** We've got to talk.
**話したいことがある** We've got to talk.

**A:** We've got to talk.
　　話したいことがある。

**B:** Is it good or bad?
　　良いことかい、悪いことかい？

## 470

**ちょっと提案なんですが** It's just a suggestion.
**ちょっと提案なんですが** It's just a suggestion.

**A:** It's just a suggestion, but how about asking Tom to help?
　　ちょっと提案なんですが、トムに手伝ってもらってはどうでしょう？

**B:** Good idea.
　　いい考えだね。

## 471

**ダイエット中です** I'm on a diet.
**ダイエット中です** I'm on a diet.

**A:** How about some apple pie?
　　アップルパイはいかが？

**B:** No thanks. I'm on a diet.
　　遠慮します。ダイエット中です。

## 472

**手が出ない I can't afford it.**
**手が出ない I can't afford it.**

A: That nice car is ten million yen.
あのかっこいい車、1000万円だって。

B: **I can't afford it.**
手が出ないよ。

＊直訳は「それを買うだけのゆとりがない」です。

## 473

**話せば長い It's a long story.**
**話せば長い It's a long story.**

A: How come you got divorced?
なんで離婚をしたの？

B: **It's a long story.**
話せば長い。

## 474

**ダメもとだ You've nothing to lose.**
**ダメもとだ You've nothing to lose.**

A: She's so lovely.
彼女はとてもかわいいな。

B: Talk to her. **You've nothing to lose.**
話してごらんよ。ダメもとだよ。

4 語の表現　179

## 475

今のところいいよ　So far, so good.
今のところいいよ　So far, so good.

**A:** How do you like your new job?
新しい仕事はどう？

**B:** So far, so good.
今のところいいよ。

## 476

世の中は狭い　It's a small world.
世の中は狭い　It's a small world.

**A:** My son's college teacher happens to be my high school classmate.
息子の大学の先生は、たたま私の高校の同級生なのよ。

**B:** It's a small world.
世の中は狭いね。

## 477

わからない　I have no idea.
わからない　I have no idea.

**A:** Why is she so upset?
彼女はどうしてあんなに怒っているの？

**B:** I have no idea.
わからない。

### 478
**もう我慢できない** I can't stand it.
**もう我慢できない** I can't stand it.

A: What's the matter?
どうしたんだい？

B: He came late again! **I can't stand it!**
またあいつ遅れたんだよ！ もう我慢できない！

### 479
**たまに** Once in a while.
**たまに** Once in a while.

A: How often do you go to see your parents?
実家にはどのくらいの頻度で行くの？

B: **Once in a while.**
たまによ。

### 480
**我慢できなかった** I couldn't help myself.
**我慢できなかった** I couldn't help myself.

A: Why did you eat my cake?
なんで私のケーキを食べたの？

B: **I couldn't help myself.**
我慢できなかったんだよ。

＊I couldn't help it. でも同じ意味です。

## 481

借りができた I owe you one.
借りができた I owe you one.

(友人に助けてもらって)

A: **I owe you one.**
借りができたな。

B: Don't worry about it.
気にするなよ。

## 482

どうってことないよ It's no big deal.
どうってことないよ It's no big deal.

A: I forgot to bring my wallet.
財布を持ってくるの忘れた。

B: **It's no big deal.** I have a card.
どうってことないよ。カードがあるよ。

＊It's not a big deal. とも言います。

## 483

かけ直します I'll call you back.
かけ直します I'll call you back.

(携帯電話がかかってきて)

A: Sorry, I can't talk now.
ごめんなさい、今話せないのよ。

B: OK. **I'll call you back.**
わかった。かけ直すよ。

### 484

**そんな感じがするだけ It's just a feeling.**
**そんな感じがするだけ It's just a feeling.**

A: Why do you think so?
どうしてそう思うの？

B: It's just a feeling.
そんな感じがするだけよ。

### 485

**また会いましょう Let's get together again.**
**また会いましょう Let's get together again.**

A: Let's get together again.
また会いましょう。

B: By all means.
ぜひ。

### 486

**君が決めて It's up to you.**
**君が決めて It's up to you.**

A: Shall we eat Japanese food or Italian food?
和食を食べる？　それともイタリアン？

B: It's up to you.
君が決めて。

＊Depends on you. も同じ意味です。

### 487 複雑な気持ちです  I have mixed feelings.
複雑な気持ちです  I have mixed feelings.

A: I heard your daughter is getting married.
娘さんが結婚するんだってね。

B: Yes. I have mixed feelings.
ああ。複雑な気持ちだよ。

### 488 まいってるみたいだね  You look stressed out.
まいってるみたいだね  You look stressed out.

A: You look stressed out.
まいってるみたいだね。

B: I haven't had a day off in three weeks.
ここ3週間休みなしなんだ。

### 489 話がズレてるよ  You're missing the point.
話がズレてるよ  You're missing the point.

(的はずれなことを言われて)

A: You're missing the point.
話がズレてるよ。

B: Oh, I thought you were talking about me.
おっと、僕のことを話しているのかと思って。

## 490

**よく考えてみます** I'll think it over.
**よく考えてみます** I'll think it over.

(部下と上司の会話)

A: I want a transfer.
   転勤を望んでいるのですが。

B: I'll think it over.
   よく考えてみよう。

## 491

**やってみる価値はある** It's worth a try.
**やってみる価値はある** It's worth a try.

A: Should I apply for that job?
   あの求人、トライしてみるべきかしら？

B: It's worth a try. Good luck!
   やってみる価値はあるよ。がんばれ！

## 492

**ほら、見てごらん** Here, take a look.
**ほら、見てごらん** Here, take a look.

(万華鏡を渡しながら)

A: Here, take a look.
   ほら、見てごらん。

B: Wow, it's amazing!
   わあ、すごい！

## 493

試着してみます　I'll try it on.
試着してみます　I'll try it on.

**A:** Do you like it?
お気に召しましたか？

**B:** Yes. I'll try it on.
ええ。試着してみます。

## 494

ほめてくださってありがとう　Thanks for the compliment.
ほめてくださってありがとう　Thanks for the compliment.

**A:** You are a really wonderful assistant.
君は実に素晴らしい助手だよ。

**B:** Thanks for the compliment.
ほめてくださってありがとうございます。

## 495

かんべんして　Give me a break.
かんべんして　Give me a break.

**A:** Can I borrow some money?
お金を貸してもらえる？

**B:** Again? Give me a break.
また？　かんべんしてくれよ。

## 496
君を誇りに思うよ I'm proud of you.
君を誇りに思うよ I'm proud of you.

A: I finally passed the bar exam.
やっと司法試験に合格したよ。

B: Great. I'm proud of you.
すごい。君を誇りに思うよ。

## 497
どうぞおかけください Please have a seat.
どうぞおかけください Please have a seat.

（事務所に取引先の人が入ってきて）

A: Hello, Mr. White.
こんにちは、ホワイトさん。

B: Oh, hello. Please have a seat.
こんにちは。どうぞおかけください。

## 498
先約があります I have another appointment.
先約があります I have another appointment.

A: Are you free tonight?
今晩ひま？

B: Sorry, I have another appointment.
ごめん、先約があるんだ。

## 499

一緒にお昼を食べましょう　Join us for lunch.
一緒にお昼を食べましょう　Join us for lunch.

**A:** Join us for lunch.
一緒にお昼を食べましょうよ。

**B:** Sure.
いいよ。

## 500

何か悩んでいるの？　What's on your mind?
何か悩んでいるの？　What's on your mind?

(困った様子の友達を見て)

**A:** What's on your mind?
何か悩んでいるの？

**B:** I'm having problems with my wife.
妻のことで悩んでいるんだ。

＊困った様子をしているときにのみ使う言葉です。

## 501

どういう意味？　What do you mean?
どういう意味？　What do you mean?

**A:** You are too much for me.
君は僕には過ぎた人だよ。

**B:** What do you mean?
どういう意味？

## 502

**一杯どう？** How about a drink?
**一杯どう？** How about a drink?

A: I want to go out for a change.
　気分転換に出かけたいな。

B: **How about a drink?**
　じゃあ一杯どう？

＊この場合の drink はアルコールのことです。

## 503

**ちょっと頼んでいい？** Do me a favor?
**ちょっと頼んでいい？** Do me a favor?

A: **Do me a favor?**
　ちょっと頼んでいい？

B: Sure, anything for you.
　いいよ、何でも言って。

＊Would you do me a favor? が丁寧な言い方です。

## 504

**ご出身は？** Where are you from?
**ご出身は？** Where are you from?

A: **Where are you from?**
　ご出身は？

B: New Zealand.
　ニュージーランドです。

## 505

**どこの国の製品？　Where is it made?**
**どこの国の製品？　Where is it made?**

（素晴らしいデザインの家具を見て）

A: Where is it made?
　　どこの国の製品？
B: Italy.
　　イタリア製よ。

## 506

**似合う？　How do I look?**
**似合う？　How do I look?**

（見たことのない服を着ている妻に）

A: Is that a new dress?
　　それって新しい服？
B: Yes. How do I look?
　　そうよ。似合う？

## 507

**どうすればいい？　What should I do?**
**どうすればいい？　What should I do?**

（好きな女性がいて、友人に相談している）

A: What should I do?
　　どうすればいい？
B: Just ask her out to a movie.
　　映画に誘ってみろよ。

## 508

**楽しんでる?** Having a good time?
**楽しんでる?** Having a good time?

(パーティー会場で)

A: Hi, Ken. **Having a good time?**
やあ、ケン。楽しんでる?

B: Yes, thank you.
ああ、ありがとう。

## 509

**何時がいい?** What time suits you?
**何時がいい?** What time suits you?

A: I'd like to see you tomorrow.
明日会いたいのですが。

B: OK. **What time suits you?**
いいですよ。何時がいいですか?

＊What time is good for you? とも言います。

## 510

**間に合う?** Can you make it?
**間に合う?** Can you make it?

A: You should take the 8 pm train. **Can you make it?**
午後8時の電車に乗らないといけないんだう。間に合う?

B: Yes, I can.
ええ、だいじょうぶ。

4 語の表現　191

## 511

何がありますか？ What do you have?
何がありますか？ What do you have?

(レストランで)

**A:** What do you have?
何がありますか？

**B:** We have daily lunches.
日替わりランチがございます。

## 512

期限はいつ？ When is the deadline?
期限はいつ？ When is the deadline?

(大学生がレポートについて話している)

**A:** When is the deadline?
提出期限はいつ？

**B:** It's next Saturday by 10 am.
今度の土曜日の朝10時までだよ。

## 513

どこで乗り換えればいいですか？ Where should I transfer?
どこで乗り換えればいいですか？ Where should I transfer?

**A:** You have to change trains to get there.
そこへ行くには電車を乗り換えないといけないよ。

**B:** Where should I transfer?
どこで乗り換えればいいですか？

## 514

どうしてた？ How have you been?
どうしてた？ How have you been?

A: Long time no see. How have you been?
久しぶり。どうしてた？

B: Pretty good, thanks.
元気よ、ありがとう。

## 515

どうだった？ How did it go?
どうだった？ How did it go?

A: I made a presentation on a new product.
新製品についてのプレゼンテーションをしたよ。

B: How did it go?
どうだった？

## 516

おすすめはありますか？ What do you recommend?
おすすめはありますか？ What do you recommend?

（レストランで）

A: What do you recommend?
おすすめはありますか？

B: The fresh oysters are nice today.
今日は新鮮なカキがおいしいですよ。

## 517

何か忘れてるかな？　Am I missing something?
何か忘れてるかな？　Am I missing something?

（出張に出かける前の準備で）

**A:** Am I missing something?
何か忘れてるかな？

**B:** Yeah, you forgot your tie.
そう、ネクタイを忘れてるわ。

*anything ではなく something を使うことで、何か足りないと確信していることが伝わります。

## 518

どうしてわかるの？　How do you know?
どうしてわかるの？　How do you know?

**A:** I can tell that you don't like.
ジェーンのことが気に入らないってわかるよ。

**B:** How do you know?
どうしてわかるの？

## 519

何があるの？　What are the choices?
何があるの？　What are the choices?

**A:** I'm wondering which movie to see.
どの映画を見ようかと迷ってるんだ。

**B:** What are the choices?
何があるの？

## 520

今何て言ったの？ **What did you say?**
今何て言ったの？ **What did you say?**

(ちょっと失礼なことを言われて)

**A: What did you say?**
今何て言ったの？

**B:** Never mind.
別に。

## 521

用意はいい？ **Have you got everything?**
用意はいい？ **Have you got everything?**

**A: Have you got everything?**
用意はいい？

**B:** Yes. Let's go.
はい。では行きましょう。

## 522

外食しようか？ **Shall we eat out?**
外食しようか？ **Shall we eat out?**

**A: Shall we eat out?**
外食しようか？

**B:** Good idea.
いいわね。

4 語の表現

**523** 今晩ひま？ Are you free tonight?
今晩ひま？ Are you free tonight?

**A:** Are you free tonight?
今晩ひま？

**B:** Yes, but why?
ええ、でもなぜ？

# さくいん

数字は通し番号です。

## あ

相変わらず　As usual. …………84
空いている　It's vacant. ………185
上がり　I'm out！ ………………100
あきらめないで
　Don't give up. ………………291
あきらめないで　Keep trying. …129
味がしない　Bland. ……………30
明日は明日の風が吹く
　Tomorrow is another day.……453
あそこです　Over there. ………147
遊びですか？　For pleasure？…236
当たり　Bingo！…………………54
あとで電話します
　I'll call later. …………………298
あとどのくらい？
　How much farther？ …………401
あなたもいる？　Want some？　222
あなたもね　Same to you.………281
あのさあ　You know what？ …414
危ない　Watch out！ …………138
あらまあ　My goodness！………101
あり得ない　Couldn't be. ………194
ありがとう　Thanks a lot. ……262
ありきたりすぎる　Too banal.…169
ある意味で　In a certain way.…432
いいえ　I'm afraid not. …………369
いいえ、結構です
　No, thanks. …………………204
いい考えだ　Good idea. …………71
いい勘してるね　Good guess！…106
いいぞ　Nice. ……………………29

いいですよ　I don't mind.………319
いいですよ　That's OK. ………172
いいとも　By all means. ………315
いいなあ　Lucky you. …………69
いいね　Fine.……………………17
いいよ　Sure. ……………………5
言い訳するな
　No more excuses. ……………309
行かなくちゃ　Got to go. ………268
行くぞ　Here we go. ……………326
いくつ？　How many？ ………217
いくら？　How much？ ………214
行こうか？　Shall we go？ ……394
居心地がいい　It's cozy. ………188
いじわる　Nasty. ………………48
いじわるね　You're mean. ……200
急ぎません　There's no hurry.　350
いつ？　When？ …………………62
いつか　Some day.………………155
いつから？　Since when？ ……237
一緒にお昼を食べましょう
　Join us for lunch.………………499
いつでもかかってこい
　Bring it on. …………………380
いつでもどうぞ　Anytime.………11
一杯どう？
　How about a drink？ …………502
いつまでに？　By when？………215
いつものことだよ
　That's usual.…………………162
今何て言ったの？
　What did you say？……………521

さくいん　197

今のところいいよ
　　So far, so good. ……………475
今はもうしていない
　　Not anymore. ………………110
今向かっている　On the way. …313
イラつくなあ
　　I'm so frustrated. ……………344
ウーン、違う　Uh-uh. ……………55
うまくいくさ　It'll work out. …373
うらやましい　I envy you. ……321
売り切れ　Sold out. ……………117
うれしい　How nice! ……………202
うわさをすれば影
　　Speak of the devil. ………421
おいしい　Delicious! ………………4
往復ですか？　Round trip? ……243
お気の毒　Tough luck. …………207
お気の毒に　I'm sorry. …………179
おごるよ　My treat. ……………102
お先にどうぞ　After you. ………118
教えて　Tell me. ………………146
お仕事ですか？
　　On business? …………………235
おすすめはありますか？
　　What do you recommend? …516
遅かれ早かれ
　　Sooner or later. ……………318
遅すぎるということはない
　　Never too late. ………………363
お大事に　Bless you. ……………105
落ち着いて　Calm down. ………131
おつりは取っておいて
　　Keep the change. ……………310
驚いた　I'm surprised. …………184
おなかが空いてきた
　　I'm getting hungry. …………342
同じものにして
　　The same for me. …………422
同じものをください
　　Same here. …………………205
覚えている？　Remember? ……64
お見事　Way to go. ……………277
おめでとう　Congratulations! …15
思い過ごしだよ
　　It's your imagination. …………255
おもしろい　Interesting. ………………6
おもしろそう
　　Sounds interesting. …………153
おもしろ半分で　Just for fun. …256
終わったことだよ　It's history. …206
終わりだ　It's over. ……………149

### か

外食しようか？
　　Shall we eat out? ……………522
かかってこい　Come on. ………135
かけ直します
　　I'll call you back. ……………483
片付けて　Put it away. …………332
がっかりだよ
　　I'm disappointed. ……………211
かっこいい　Cool! ………………16
金がものを言う　Money talks. …156
彼女によろしく
　　Say hello to her. ……………418
彼女はおめでたです
　　She's expecting. ……………174
かまわない
　　It doesn't matter. ……………358
かまわない　No problem. ………70

我慢できなかった
　I couldn't help myself. ········480
かもしれない　Might be. ········164
からかっているの？
　Are you kidding? ·············409
借りができた　I owe you one. ···481
かわいい　Adorable! ···············27
かわいそうに　Poor thing. ········85
変わったことは？
　Anything new? ·················226
考えてみます
　I'll think about it.················464
勘定をお願いします
　Check, please. ·················107
感心した　I'm impressed. ········177
勘だよ　A gut feeling. ············365
感動的でした　It was moving.···333
がんばって　Good luck. ············75
がんばって　Hang in there. ······382
がんばり通せ　Tough it out. ···378
かんべんして
　Give me a break.················495
聞いたことがない
　Never heard of them.············430
期限はいつ？
　When is the deadline? ········512
気に入っている　I like it. ·········292
気にしない　I don't care. ·········367
気にしないで　Never mind. ······175
気分が悪い　I feel sick. ···········336
気味が悪い　Weird. ··················21
君が決めて　It's up to you. ······486
君なら当然だよ
　You deserve it. ·················251
君の番　Your turn.················132

君の味方だよ
　I'm on your side. ··················466
君は？　How about you？········395
君を誇りに思うよ
　I'm proud of you.················496
気持ち悪い　Gross.·····················7
休暇中です　On vacation. ········136
休憩しましょう
　Lets take a break ··············454
行儀よくして
　Behave yourself. ···················141
今日はやめておきます
　Not today.·························121
気楽に　Take it easy.···············301
気楽にしてね
　Make yourself at home. ········456
気をつけて　Be careful.············151
気を悪くしないで　No offence.···157
くたくた　I'm exhausted. ········166
暗くなってきた
　It's getting dark. ··················361
ケースバイケースだよ
　It depends. ··························90
ケチケチするなよ
　Don't be so cheap. ··············442
元気？　What's up？·············245
元気よ　Pretty good, thanks. ···388
元気を出して　Cheer up！········158
現実を見なさい　Face it.············94
厳密に言うとだめです
　Technically, no. ··················108
幸運を祈ってて
　Wish me luck. ··················387
豪華　Gorgeous！···················45
コーヒーをたのむよ

さくいん　199

Make some coffee, please. ……431
誤解しないで
　　　Don't get me wrong. ………449
凍えそう　Freezing. ………………44
ここだけの話
　　　Just between us.　………272
ここにあるよ　Here it is. ………304
ここの者ではありません
　　　I'm not from here. …………457
ここを動かないで　Stay put. …115
腰が痛い　I have a backache. …441
ご自由にどうぞ
　　　Help yourself. ………………142
ご出身は？
　　　Where are you from？ ………504
好みはうるさくない
　　　I'm not particular. …………320
困った人ね
　　　You're impossible！ ………167
ごゆっくり　Take your time. …339
これがよく効く
　　　This will help. ………………284
これ下さい　I'll take this. ………296
これでチャラだ
　　　Now we're even. ……………393
怖い　Scary！ ……………………49
怖がらないで　Don't be afraid. …303
こんな感じ？　Like this？………234
今晩ひま？
　　　Are you free tonight？ ………523

　　　　　　さ

さあ着いた　Here we are. ……355
さあ、乗って　Hop in. …………195
さあね　I don't know. …………366

さあね　Nobody knows. ………133
サイアク　Perfect. ………………58
最高　Two thumbs up. ………362
サイテイ　Disgusting. ……………18
さえぎってごめんなさい
　　　Sorry to interrupt. …………289
残念ながらそうです
　　　I'm afraid so. ………………356
仕方がない　That's life. ………143
仕方ない　It can't be helped. …424
時間がかかる　It takes time. …375
時間どおりです
　　　Right on time. ………………287
時間の無駄だ　Waste of time. …330
自業自得だ　You asked for it. …434
静かに　Quiet. ……………………24
試着してみます　I'll try it on. …493
質問はありますか？
　　　Any questions？ ………………229
失礼な　Rude. ……………………25
自分でやりなさい
　　　Do it yourself. ………………299
地味すぎる　Too conservative. …203
しゃれてる　Stylish. ……………57
十分あり得る　Possibly. …………35
十分いただきました
　　　I've had enough. ……………381
十分いただきました
　　　That's enough. ………………182
準備オーケー　Ready. ……………19
準備完了　All set. ………………113
冗談だろう　No kidding！ ………93
冗談よ　Just kidding. ……………127
勝負はこれから
　　　It's not over yet. ……………444

深呼吸して
　Take a deep breath. ………437
信じ難いね　Hard to believe. …286
ずいぶんよくなった
　Much better. ………………86
すぐ行きます　I'm coming. ……165
すぐに　Immediately. ………46
すぐに　In no time. …………357
すぐに　Right away. …………124
すぐに行くよ　In a minute. ……250
すぐにわかりますよ
　You can't miss it. ……………445
すぐにわかるよ　You'll see. ……97
すぐ戻ります
　I'll be right back. ………………465
すごい　Incredible！ ………3
すごい知らせだ　Great news！…109
すてき　Cute！ ………………1
素晴らしい　Great！ ………2
すべて順調　Everything's fine. …191
すみません　Excuse me. ………144
すみません、遅れました
　Sorry, I'm late. ………………372
ずるい　That's not fair. ………349
絶好調さ　Couldn't be better. …352
絶対さ　Definitely. ……………8
絶対そんなことない
　Absolutely not. ……………123
絶対にはずせない
　It's a must. ………………346
ぜひ、そうしたい　I'd love to. …253
全部片付いた　All done. ………134
先約があります
　I have another appointment. …498
そういうことなんだ

That explains it. ……………377
そういうわけか　That's why. …199
そうかもね　Could be. ………193
荘厳です　Majestic. ……………23
そうしたいところですが……
　I wish I could. ………………429
そうそう　Uh-huh. ……………56
壮大だよ　Magnificent！ ………47
そうだった、ありがとう
　Thanks for reminding me. …461
そうだと思うけど…
　I guess so. ……………………265
そうだと思った　I thought so. …384
そうだね　I'll say. ………………95
そうだよ　Right. ………………13
そうですか　Is that so？ ………417
そうとは言い切れない
　Not entirely. ……………………98
そうなの？　You do？ …………246
そうなんだ　I see. ………………173
そうは思わない
　I don't think so. ………………433
そうみたい　So it seems. ………259
そのうちわかるさ　We'll see. …198
その調子　Keep it up. …………307
そのとおり　Exactly. …………14
そのとおり
　That's what I mean. …………458
それ以上だよ
　More than that. ………………322
それじゃまたね
　Have a nice day. ………………460
それだけのこと　That's all. ……148
それでいい　It's a deal. …………335
それで思い出した

That reminds me. ……………311
それで結構です
　　That'll be fine. ………………359
それはすごい
　　It's really something. …………385
それは確か　That's for sure. …317
それはひと安心
　　That's a relief. ………………267
それはまた別の話
　　That's another story. …………316
それはよかった　That's good. …210
それほどでもない　Not really. …76
それほどでもない
　　Not that much.………………338
それ本当？　Are you sure？……406
そんな感じがするだけ
　　It's just a feeling.………………484
そんな感じだね
　　Looks that way. ………………285
そんなのうまくいかない
　　It doesn't work. ………………364
そんなの常識だよ
　　Everyone knows.………………159

### た

ダイエット中です
　　I'm on a diet. …………………471
大事なことから一番に
　　First things first.………………271
だいじょうぶ　You'll be fine. …323
だいじょうぶ？
　　Are you OK？ ………………402
たいていはそう
　　In general, yes. ………………386
タイプだわ　He's my type. ……360

大変　Tough.………………………39
だから言ったでしょ
　　See, I told you. ………………463
確かだよ　I'm sure. ……………154
確かにそうだ　That's true. ……178
タダです　It's free. ……………181
たとえばどんな？
　　Like what？ …………………228
楽しんでる？
　　Having a good time？………508
楽しんできて　Enjoy yourself.…130
タバコを吸ってもいいですか？
　　May I smoke？………………403
多分　Maybe.………………………34
たまに　Once in a while. ………479
ダメもとだ
　　You've nothing to lose. ………474
だれ？　Who？……………………63
だれが出てるの？
　　Who's in it？…………………412
だれかと思えば
　　Look who's here.………………314
だれだと思う？
　　Guess who？…………………238
だれでも　Whoever.………………50
だれと？　With who？ ………230
近づいちゃだめ　Keep off！……196
ちゃんと確認した？
　　Have you double-checked？…416
調子はどう？
　　How's it going？ ……………397
ちょうど間に合った
　　Just in time. …………………288
ちょっとしたものだろう？
　　Isn't that something？ ………407

| 日本語 | 英語 | ページ |
|---|---|---|
| ちょっとずつ | Little by little. | 305 |
| ちょっとだけね | Just a little. | 290 |
| ちょっと頼んでいい？ Do me a favor? | | 503 |
| ちょっと提案なんですが It's just a suggestion. | | 470 |
| ちょっと待って Just a minute. | | 249 |
| チョロいものさ | No sweat. | 96 |
| ついに | At Last! | 192 |
| 疲れてきた | I'm getting tired. | 341 |
| 次はだれ？ | Who's next? | 239 |
| つまらない | Boring. | 43 |
| 定期的に | Regularly. | 31 |
| テーブルを片付けて Clear the table. | | 389 |
| でかい | Huge! | 37 |
| 手が出ない | I can't afford it. | 472 |
| できるだけ早く As soon as possible. | | 452 |
| 手ごろだね | That's reasonable. | 170 |
| 手ぶらで来て Just bring yourself. | | 331 |
| 電話です | You have a call. | 443 |
| どう？ | How's everything? | 247 |
| どういう意味？ What do you mean? | | 501 |
| どういたしまして | Not at all. | 252 |
| どういたしまして | My pleasure. | 91 |
| どうかしたの？ What's going on? | | 410 |
| 同感 | I agree. | 82 |
| どうしたの？ What's wrong? | | 221 |
| どうしたの？ What's the matter? | | 396 |
| どうして？ | Why? | 60 |
| どうして？ | How come? | 220 |
| どうしてた？ How have you been? | | 514 |
| どうしてる？ | What's new? | 213 |
| どうしてわかるの？ How do you know? | | 518 |
| どうすればいい？ What should I do? | | 507 |
| 当然さ | You bet. | 163 |
| 当然だよ | With good reason. | 392 |
| どうぞ | Go ahead. | 68 |
| どうぞ、どうぞ Be my guest. | | 308 |
| どうぞおかけください Please have a seat. | | 497 |
| どうだった？ How did it go? | | 515 |
| どうってことないよ It's no big deal. | | 482 |
| どおりでね | No wonder. | 66 |
| 時がたてばわかる Time will tell. | | 374 |
| ときどき | Sometimes. | 32 |
| ドキドキしてきた I'm getting nervous. | | 340 |
| 時がたつのは早いね How time flies. | | 270 |
| 時は金なり | Time is money. | 376 |
| 特になし | Nothing special. | 116 |
| どこで乗り換えればいいですか？ Where should I transfer? | | 513 |
| どこの国の製品？ | | |

どこで作られていますか？
　　Where is it made？ …………505
どこまで？　How far？ …………224
どこまで話してたっけ？
　　Where were we？ ……………408
土壇場で　At the last minute. …468
どちら様ですか？
　　Who's speaking, please？ ……413
どちらでも　Either will do. ……353
どちらまで？　Where to？ ……227
どっちがいいかな？
　　Which is better？………………404
どっちがどっち？
　　Which is which？………………411
どっちでもいいよ
　　No difference. …………………137
どつぼだ　It's a disaster. ………368
とてもいい　Pretty good. ………140
とにかく　Anyway. ………………40
どのくらい？　How long？ ……216
どのくらい前？
　　How long ago？ ………………398
とんでもない　No way！…………77
とんでもない
　　Out of the question！ …………420
どんなものでも　You name it.…276

### な

仲直りをしよう
　　Let's make up. …………………329
なぜだろう　I wonder why. ……263
何？　What？………………………61
何かあったの？
　　Anything wrong？ ……………248
何があったの？
　　What happened？ ……………219

何がありますか？
　　What do you have？ …………511
何があるの？
　　What are the choices？ ………519
何かが足りない
　　There's something missing …390
何か伝言は？
　　Any message？ …………………240
何か悩んでいるの？
　　What's on your mind？ ………500
何か忘れてるかな？
　　Am I missing something？ …517
何をやってる？
　　What's playing？ ………………233
なるほど　Good point. …………111
なるほど　That makes sense. …328
慣れています　I'm used to it. …455
何歳ですか？　How old？ ……218
何時？　What time？ ……………225
何時がいい？
　　What time suits you？ ………509
何て言ったの？　Excuse me？…242
なんて偶然
　　What a coincidence. …………269
何でも　Whatever. ………………51
何でもいい　Anything's OK. …180
何とかできると思います
　　I can manage. …………………283
何となく
　　Just because. ……………………87
何とも言えない　I wonder.………81
何とも言えない
　　Maybe, maybe not. ……………273
何のために？　What for？ ……231
何曜日？　What day？ …………223

似合う？　How do I look？ ……506
ねえねえ
　　You know something？ ………415
念のため　Just in case. …………257
のどがかわいた　I'm thirsty. …187

## は

はい、どうぞ　Here you are. …327
バカなこと言わないで
　　Don't be silly. ………………312
ばかばかしい　Ridiculous.…………9
はじめまして
　　Nice to meet you. ……………428
恥ずかしがらないで
　　Don't be shy. …………………302
はっきり話しなさい
　　Speak up！…………………128
派手すぎる　Too flashy. ………201
話が逆
　　The other way aroun.d ………419
話がズレてるよ
　　You're missing the point. ……489
話したいことがある
　　We've got to talk. ……………469
話し中です　The line is busy. …435
話せば長い　It's a long story. …473
早いに越したことはない
　　The sooner, the better. ………427
はらぺこだ　I'm starving.………176
晩ご飯は何？
　　What's for dinner？…………405
パスします　I'll pass.……………208
久しぶり　Long time no see. …426
ひどい　Awful！………………41
秘密にしておいて
　　Keep it a secret. ……………462
複雑な気持ちです
　　I have mixed feelings. ………487
偏見だ　That's stereotyping. …183
ほかに何か？
　　Anything else？ ……………241
ほかに何かある？
　　Any other ideas？ ……………400
僕も入れて　Count me in.………258
ほっといて　Leave me alone. …293
ほとんど　Almost. ………………10
ほめてくださってありがとう
　　Thanks for the compliment. …494
ほら、見てごらん
　　Here, take a look. ……………492
ほらね？　See？ ………………65
本気　I mean it. ………………295
本当だよ　Honest.………………20
本当に？　Really？ ……………59
ほんの好奇心　Just curious. ……88

## ま

まあ、そんなところです
　　Something like that. …………266
まあね　Sort of.…………………72
まあまあ　So-so. ………………53
まあまあです　Not bad. …………74
まいった　You've got me.………306
まいってるみたいだね
　　You look stressed out. ………488
毎日毎日　Every single day. …371
前もって　In advance. …………160
前よりいい　I feel better.………334
まかせて　Leave it to me.………467
まかせてください

さくいん　205

Consider it done. ……………324
まぐれだよ　Lucky guess. ……197
マジだよ　I'm serious. …………186
まだ　Not yet. …………………73
また会いましょう
　　Let's get together again. ……485
また会ったね　Hi again. ………125
またかよ　Not again！……………89
また今度ね
　　Some other time. ……………379
また電話します
　　I'll call again. ………………383
またね　See you later …………278
またね　Take care.………………119
間違いない　No doubt. …………190
間違えないで
　　Don't make a mistake. ………439
間違っていなければ
　　If I'm not mistaken. …………451
待ち切れない　I can't wait. ……351
間に合う？
　　Can you make it？……………510
満足している　I'm satisfied.……171
満腹です　I'm full. ………………139
見事だ　Amazing！………………52
見せて　Let me see. ……………337
見ているだけです
　　Just looking. …………………126
皆がそうとは限らない
　　Not everybody. ………………99
蒸し暑い　Muggy. ………………26
難しい判断だね
　　Tough decision. ………………112
無理だよ　Impossible. ……………22
無料で　For nothing. ……………161

めったにしない　Rarely.…………33
もう我慢できない
　　I can't stand it.………………478
もうこりごり　That's it. ………189
もう少しどう？
　　Some more？ …………………232
もう少しゆっくりお願いします
　　Slow down, please. ……………279
もうたくさん
　　Enough is enough. ……………354
もうない　No more left. ………343
もし都合がよければ
　　If convenient. ………………103
もしできるなら　If possible.……104
もしよろしければ
　　If you don't mind. ……………446
持ち帰りで　To go. ……………114
もちろん　Absolutely.……………12
もちろん　Of course. ……………67
もちろん　Of course not. ………370
もっと詳しく教えて
　　Tell me more. ………………300

### や

やったね　You did it.……………280
やったよ　I did it. ………………275
やってみたら　Take a chance.…325
やってみる価値はある
　　It's worth a try. ………………491
やっても無駄　No use.……………83
やっぱりね　As I expected. ……294
やめたほうがいいよ
　　You had better not. …………425
やめておくよ　I'd rather not. …274
やめてもらえませんか？

Would you mind？ ……………399
やりすぎ　That's too much. ……391
やるなら今だ
　It's now or never. ……………436
やるねえ　Good job. ………………92
優秀　Brilliant！………………………42
ゆくゆくは　Eventually. …………36
用意はいい？
　Have you got everything？ …521
ようこそお帰り
　Welcome back！ ………………120
よかったね　Good for you………254
よくあることさ　It happens. …212
よく考えてみます
　I'll think it over. ………………490
予定より遅れている
　We're behind schedule. ………347
世の中は狭い
　It's a small world. ……………476
読む価値がある
　It's worth reading. …………345

### ら

理解できない　I don't get it. …440
両方　Both.……………………………38
料理が上手ですね
　You're quite a cook. …………450
例外なく　Without exceptions.…152
連絡してね　Keep in touch. ……282

### わ

わかった？　You see？ …………244
わかっている　I know. …………78
わからない　I have no idea. ……477
ワクワクする　I'm thrilled. ……168

わけを聞かせて　Tell me why.…264
わざとじゃないよ
　I didn't mean to. ………………423
話題を変えよう
　Let's change the subject. ……459
私がします　I will. ………………209
私が出ます　I'll get it. …………297
私です　It's me. …………………145
私です　Speaking.…………………28
私についてきて　Follow me. …150
私のせいです　It's my fault.……348
私は朝型人間です
　I'm a morning person. ………447
私は違う　Not me. ………………122
私は夜型人間です
　I'm a night person. ……………448
私も（肯定）　Me, too. ……………79
私も（否定）　Me, either.…………80
私もよ　So am I.…………………261
私もよ　So do I. …………………260
笑わせないで
　Don't make me laugh. ………438

〔著者紹介〕

池田 和弘（いけだ　かずひろ）

京都大学卒。大阪大学大学院言語文化研究科卒。現在、阪大フロンティア研究機構特任教員。関西外国語大学短期大学講師。

海外での居住経験なしに英語をマスターし、learner-friendly（学習者にやさしい）のコンセプトにもとづいて、英語教授・学習法の開発を行なう。独創的なテクニックで学習者に自信を与えるその方法論（ニューラル・アプローチ）は高い評価を受け、受験生から大学生、ビジネスマンまで圧倒的な支持を得ている。TOEIC955点、国連英検特A級、英検1級などの資格をもつ。
『CD2枚付　英単語が面白いほど記憶できる法〈日常会話編〉』
『CD2枚付　英単語が面白いほど記憶できる法〈実用英語編〉』
『CD2枚付　英熟語が面白いほど記憶できる法』（以上、中経出版）、『TOEIC最強の学習法』（日本実業出版社）など著書多数。

eメール：k-ikeda@mbn.nifty.com

●制作協力
　石田　澄江
　大熊　恵子
　三木真由美

●英文校閲
　Sean Huisman
　Margaret Goldie

## CD2枚付　まる覚え　超かんたん英会話 （検印省略）

2004年6月24日　第1刷発行

著　者　池田　和弘（いけだ　かずひろ）
発行者　杉本　惇

発行所　㈱中経出版
　　　　〒102-0083
　　　　東京都千代田区麹町3の2　相互麹町第一ビル
　　　　電話　03(3262)0371（営業代表）
　　　　　　　03(3262)2124（編集代表）
　　　　FAX 03(3262)6855　振替　00110-7-86836
　　　　ホームページ　http://www.chukei.co.jp/

乱丁本・落丁本はお取替え致します。
DTP／フォレスト　印刷／恵友社　製本／越後堂製本

ⓒ2004 Kazuhiro Ikeda, Printed in Japan.
ISBN4-8061-2031-6　C2082